Truth In Fantasy 66

名刀伝説

牧　秀彦

新紀元社

目次

第一章　古代・平安

十握剣《とつかのつるぎ》（天之尾羽張《あめのおはばり》）——イザナギノミコト 8

◆コラム：古代の刀 12

草薙《くさなぎ》の剣《つるぎ》（天叢雲剣《あめのむらくものつるぎ》）——ヤマトタケル 13

◆コラム：三種の神器 17

叢雲《むらくも》の剣《つるぎ》——蘇我入鹿《そがのいるか》 18

◆コラム：蘇我氏と藤原氏 22

小烏《こがらす》の名刀《めいとう》——時次郎《ときじろう》 23

小鍛冶宗近《こかじむねちか》（小狐丸《こぎつねまる》）——三条宗近《さんじょうむねちか》 27

童子切安綱《どうじぎりやすつな》・蜘蛛切《くもぎり》——源頼光《みなもとのよりみつ》 31

◆コラム：天下五剣 35

鬼切《おにきり》（髭丸《ひげまる》）——渡辺綱《わたなべのつな》 36

◆コラム：権力者の心の闇を払った名刀「鬼丸国綱」 39

獅子王《ししおう》の太刀《たち》——源頼政《みなもとのよりまさ》 41

第二章　中世・戦国

古備前友成《こびぜんともなり》——能登守教経《のとのかみのりつね》 48

手水鉢切《ちょうずばちぎ》りの名刀《めいとう》——梶原平三景時《かじわらへいぞうかげとき》 52

院宣《いんせん》の太刀《たち》——木曾義仲《きそよしなか》 56

今剣《いまのつるぎ》・薄緑《うすみどり》——九郎判官義経《くろうはんがんよしつね》 61

岩融《いわとおし》——武蔵坊弁慶《むさしぼうべんけい》 65

◆コラム：弁慶の七つ道具 68

巴型《ともえがた》・静型薙刀《しずかがたなぎなた》——巴御前《ともえごぜん》・静御前《しずかごぜん》 69

菊水《きくすい》の宝剣《ほうけん》——大森彦七《おおもりひこしち》 73

◆コラム：受け継がれた名刀群 76

赤木柄《あかぎえ》の刀《かたな》——曾我五郎《そがごろう》 77

能《のう》・狂言《きょうげん》の太刀《たち》 81

「伊賀越物《いがごえもの》」の正宗《まさむね》 ――和田志津馬《わだしづま》（渡辺数馬《わたなべかずま》）……85
◆コラム：鍵屋の辻の決闘……89
妖刀村正《ようとうむらまさ》（籠釣瓶《かごつるべ》）――佐野次郎左衛門《さのじろうざえもん》……90
太郎太刀《たろうだち》・次郎太刀《じろうだち》 ――真柄十郎左衛門《まがらじゅうろうざえもん》・十蔵父子《じゅうぞうおやこ》……94
波泳《なみおよ》ぎ兼光《かねみつ》・鉄砲切《てっぽうぎ》り助真《すけざね》 ――上杉謙信《うえすぎけんしん》……98

第三章 織豊・江戸

赤穂義士《あこうぎし》の愛刀《あいとう》……104
友切丸《ともきりまる》・北辰丸《ほくしんまる》 ――花川戸助六《はなかわどすけろく》……108
◆コラム：歌舞伎十八番……112
青江下坂《あおえしもさか》 ――福岡貢《ふくおかみつぎ》・春藤次郎右衛門《しゅんどうじろうえもん》……113
◆コラム：名刀ならではの妖刀伝説……118
『暫《しばらく》』の大太刀《おおだち》 ――鎌倉権五郎《かまくらごんごろう》……119
「荒事《あらごと》」の三本太刀《さんぼんだち》 ――松王丸《まつおうまる》・和藤内《わとうない》・曾我五郎《そがごろう》……123
日吉丸《ひよしまる》 ――武智《たけち》（明智《あけち》）光秀《みつひで》……128
◆コラム：明智光秀人物伝……132
二字国光《にじくにみつ》 ――団七茂兵衛《だんしちもへえ》……133
世話物《せわもの》・白浪物歌舞伎《しらなみものかぶき》の刀《かたな》……137
◆コラム：南北と黙阿弥……143
猛虎《もうこ》の刀《かたな》 ――薩摩源五兵衛《さつまげんごべえ》……144
◆コラム：江戸の信仰……147
倶梨迦羅丸《くりからまる》 ――雪姫《ゆきひめ》……148
◆コラム：刀身彫刻……150
『新薄雪物語《しんうすゆきものがたり》』の刀《かたな》 ――正宗《まさむね》・来国行《らいくにゆき》……152
世話物文楽《せわものぶんらく》の刀《かたな》……156
村雨丸《むらさめまる》 ――犬塚信乃《いぬづかしの》……160
◆コラム：『天竺徳兵衛韓噺』波切丸……163

第四章 江戸幕末

家宝《かほう》の名刀《めいとう》・祝宴《しゅくえん》の名刀《めいとう》——菊地半四郎《きくちはんしろう》・美濃部伊織《みのべいおり》……166

平手造酒《ひらてみき》の刀《かたな》——平手造酒《ひらてみき》……170

◆コラム：江戸三大道場……173

加賀五郎義兼《かがごろうよしかね》——国定忠治《くにさだちゅうじ》……174

落語《らくご》の刀《かたな》……180

◆コラム：町人と刀……184

長曾禰虎徹《ながそねこてつ》・和泉守兼定《いずみのかみかねさだ》——近藤勇《こんどういさみ》・土方歳三《ひじかたとしぞう》……185

◆コラム：池田屋事件が語る新選組銘刀伝……191

主要参考文献……195

あとがき……198

太刀・打刀の各部名称

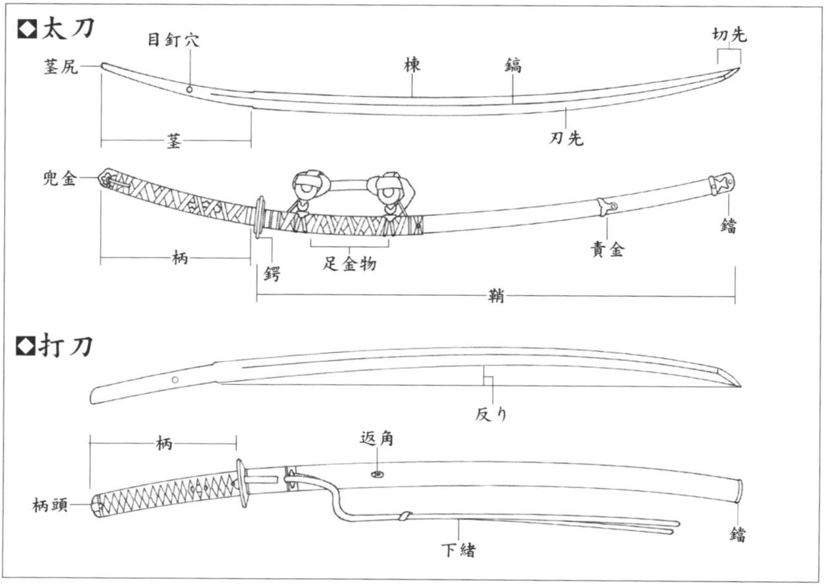

第一章 古代・平安

十握剣《とつかのつるぎ》（天之尾羽張《あまのおはばり》）

所持者

イザナギノミコト

DATA

神　　話：『古事記』『日本書紀』

神々と共に歩んだ剣

十握剣とは、記紀神話に登場する剣である。

日本建国の神話を作るべく、大和朝廷が国家事業として編纂させた『古事記』『日本書紀』を合わせて「記紀」と称するが、その内容は八百万《やおよろず》の神が織り成す波乱万丈の物語であり、擬人化された神々の行動はきわめて人間臭く、読む者を飽きさせない。

ちなみに『古事記』は和銅《わどう》5年（712）に、続く『日本書紀』は養老《ようろう》4年（720）に成立している。

国家事業で生み出されたものでありながら、現代に生きる我々にも自然と感情移入をすることができ、とりわけ『古事記』は物語性の強い、叙事詩ともいえる内容になっている。

そんな記紀神話に折に触れて顔を見せるのが、十握剣なのだ。

形状については明らかにされていないが、矛《ほこ》のような長柄《ながえ》の特別なものではなく、腰に佩《は》くことができる剣だったと解釈するべきだろう。十握剣とは柄《つか》が拳で10握りもあるという意味から命名されているのだが、これはあながち極端な大きさとも言えない。ごくふつうの打刀《うちがたな》でも3握り、大太刀《おおだち》ならば刀身が最も短い、3尺（約90㌢）級の長柄でさえ5握りに及ぶ。

まして神々が用いた剣ならば、生身の人間向けの刀剣に倍するサイズのものを佩いていたとしても、なんら不自然ではあるまい。

それでは、十握剣が初めて用いられた場面をご紹介しよう。

母殺しの功徳

日本の国生み神話は、イザナギ・イザナミの夫婦神から始まる。天地を創造した夫婦神は子作りをし、さまざまな神を誕生させるのだが、最後に火の神カグツチが産まれたとき、イザナミの母体は焼かれてしまう。生まれ落ちてすぐ多彩な神々となっていく赤ん坊の出産に耐えた頑健な母体も、火には持ちこたえられなかったのだ。怒ったイザナギは妻の死後、剣を振るってカグツチの首を刎《は》ねてしまうのだった。

このときに用いられたのが、十握剣（天之尾羽張《あめのおはばり》）である。

残酷な話だが、イザナギの子殺しは無為ではなかった。カグツチの血と骸《むくろ》からは、新たな神々が出現したのだ。

まず、十握剣をしとどに濡らした鮮血が源となった。

カグツチの血は剣尖《けんせん》、鍔元《つばもと》、柄と３カ所に付着したが、剣尖の血は岩に飛び散ってイワサク、ネサク、イワツツノヲを生んだ。この３神は岩石の神であると同時に、死んだカグツチと同じ火の神でもあった。

そして鍔元の血もまた岩に飛び散ると、火を起こす雷火《らいか》の神ミカハヤヒとヒハヤヒを、さらには雷火と剣の神であるタケミカヅチノヲを生んだのだった。

最後に、イザナギの指の間から滴り落ちた柄の血は、水の神クラオカミとクラミツハを生み出す。

お気付きだろうか。

この８神はすべて、剣に関わりを持つ神々なのだ。

剣の神の名を冠《かん》するタケミカヅチノヲはもちろんのこと、火の神であるイワサク、ネサク、イワツツノヲ、やはり火を起こす雷の神であるミカハヤヒ、ヒハヤヒ、そして水の神クラオカミとクラミツハは、剣を鍛造するのに欠かせない火と水を司《つかさど》る。

イワサク以下、火と雷の５神が、岩石に飛び散って誕生している点にも注目してほしい。

剣を造るには、鉄鉱石が不可欠である。その剣の材料は、岩が砕かれて鉱石となり、砂鉄となることで人間の手にもたらされるのだが、火と雷の５神には岩をも砕く威力が秘められている。

つまり、火は鉄を鍛えるためのみならず、素材である鉄そのものを地底から現世にもたらす力をも備えるのだ。

十握剣がすべての剣の祖といわれるのも、カグツチを斬ったことで火と雷と剣と水の８神を生み出すきっかけを作ったからに他ならない。

一見すると残酷そのものにさえ思える、カグツチの母殺しとイザナギの子殺しは、決して無為には終わらなかったのである。

生と死の宿命の裏に

イザナギとイザナミは神々のみならず、人間を誕生させた両親としても知られている。しかし、その背景となる神話は必ずしも晴れがましい内容ではない。

それでは、十握剣にまつわる物語のしめくくりとして、人間が生と死の宿命を背負うに至った神話のあらましをご紹介しておきたい。

出雲《いずも》と伯耆《ほうき》の国境《くにざかい》（島根と鳥取の境）、比婆《ひば》の山にイザナミを葬ったイザナギは、妻恋しさに耐え切れず、死者が住まう黄泉の国へと向かった。

その頃はまだ、神にも人間にも生と死の区別がなかった。イザナミは火の神カグツチを産んだことで最初の死者となったのだった。

闇の中、ついにイザナギは懐かしい妻との対面を果たす。

必死で連れ帰ろうと掻《か》き口説くイザナギだが、対するイザナミの態度は芳しいものではなく、なんとも煮え切らない。

不審に思ったイザナギが御殿の寝所に忍び込むと、そこには腐り果てた妻の姿があった。黄泉の国の女王となったイザナミは、もはや現世に二度とは戻れない体だったのだ。意識はそのまま残っていても、肝心の肉体が滅びてしまっていたのでは、どうしようもない。

それでも、彼女は愛した夫には今の自分を見せて無為に悲しませたくはないと思いやり、闇の中でことばを交わすにとどめて、そのまま大人《おとな》しく帰ってもらおうと考えていた。

しかし、醜く変わってしまった姿を黙って覗かれては、もはやかつての睦まじかった夫婦仲の記憶もなにも、あったものではなかった。

戒めを破られたのを怒ったイザナミは、おぞましい姿をもはや隠そうともせずに黄泉の神の軍勢を繰り出し、イザナギに襲いかかる。

十握剣を振るって追撃をかわし、イザナギは現世と死者の世界を隔てる黄泉比良坂まで逃げ延びる。

自ら追ってきたイザナミを黄泉の国から出さないようにと、イザナギは千人力でなくては動かせない岩を持ち上げ、坂を封じてしまった。

大岩を挟んで、２人は永遠に離別する意志を確かめ合う。

収まらず、1日に1000人の人間を殺して黄泉の国へ送り込んでやりますといきり立つイザナミに対し、イザナギは1日に1500人の人間を産ませると静かな口調で告げるのだった。

かくして現世では日に1500人が産まれ、1000人が死ぬことになり、神の子として人間が創造され、同時に果てていく宿命が生じたのである。

COLUMN

古代の刀

古代の刀剣には、剣《つるぎ》と大刀《たち》の2種類がある。

朝鮮半島から渡来し、弥生時代中期から古墳時代中期まで武器として用いられた銅剣および鉄剣は左右対称の双刃で、実戦用の武器のみならず神器の役割も果たした。古墳時代中期に大刀が登場してからは、神器としての性格が強くなっている。

剣というと殺伐としたイメージを伴うが、石上《いそのかみ》神宮（奈良県天理市）所蔵の国宝で、朝鮮半島の王朝から時の大和朝廷へ日韓友好のあかしとして贈られた七支刀《しちしとう》のように独自の装飾性を備えた、武器ならぬ剣も存在する。

大刀は古墳時代中期以降、剣に代わる武具として造られた。朝鮮半島より輸入された環頭《かんとう》大刀をベースに圭頭《けいとう》大刀、円頭《えんとう》大刀、頭椎《かぶつち》大刀など、わが国オリジナルのデザインも生み出された。

片刃で鋭利な大刀は実戦性が高く、大和朝廷に仕える武官に配備された黒作《こくさく》大刀は奈良時代を通して活用された。大海人《おおあまの》皇子と大《おお》友《ともの》皇子が次期天皇の座を争った、壬申《じんしん》の乱（672）で活躍した騎馬兵が主武器とした事例も見受けられる。

朝廷軍の討伐の対象となった先住民族も、負けてはいない。古墳時代後期から奈良時代にかけて、東北の蝦夷《えみし》が用いた蕨手刀《わらびでとう》はその名の通り、把頭《つかがしら》が蕨のように巻いており、反りがあって握りやすい把は平安時代に登場した太刀の原型ともいわれる。騎馬戦を得意とした蝦夷の戦士たちにとっては馬上から斬り付けやすい、きわめて実戦性の高い構造だったわけである。

このように最前線で血塗られた闘争に用いられた大刀も、新たなタイプの刀剣として太刀が普及した平安時代以降は、かつての剣と同じく、儀式用の刀剣としての性格を強めていくことになる。

草薙《くさなぎ》の剣《つるぎ》（天叢雲剣《あめのむらくものつるぎ》）

所持者

ヤマトタケル

DATA

神　　　話：『古事記』『日本書紀』
能　　　：『大蛇』

記紀神話の勇者

ヤマトタケルノミコト（日本武尊、倭建命）は、第12代景行《けいこう》天皇の第3皇子として諸方に派遣され、大和朝廷に従わない勢力を平定して日本武尊の名を冠《かん》せられながらも、果てしない戦いの打ち続く旅の半ばで力尽きて倒れた悲劇の勇者だ。そのヤマトタケルの栄光と死をドラマティックに描いているのが『古事記』であり『日本書紀』である。

ヤマトタケルを語る上で欠かせないのが、無二の愛刀・草薙《くさなぎ》の剣《つるぎ》だ。

天皇の子に生まれながら、野に生きる宿命を背負わされた悲劇の勇者を守護した神剣はいつ、どのようにして世に現れたのか。

記紀神話の勇者と神剣の物語を、以下に記そう。

神剣光臨

草薙の剣の初名は天叢雲剣《あめのむらくものつるぎ》という。そして最初の所有者は人ではなく、神だった。

太陽神アマテラス（天照大神）の弟・スサノヲ（素盞鳴命）である。

能『大蛇《おろち》』では、有名な八岐大蛇《やまたのおろち》退治が描かれている。神代の英雄・スサノヲの知略と剣さばきが冴え渡る一編だ。

出雲《いずも》を訪れたスサノヲは嘆き悲しむ老夫婦、脚摩乳《あしなづち》と手摩乳《てなづち》に出会う。聞けば、8人の娘を肥川《ひのかわ》（斐伊川）上流に棲む八岐大蛇に毎年1人ずつ生け贄に取られ、末っ子の奇稲田姫《くしなだひめ》を差し出す番が来たという。これまでにさらわれた娘は皆、哀れにも大蛇に呑まれてしまったのだ。

見過ごすことができないスサノヲは、化物退治を決意する。彼には秘策があったのだ。

酒の大瓶を８艘の船に満載し、英雄は川上へ赴く。その傍らには、妻として授けられた奇稲田姫の姿もあった。

出現した八岐大蛇は酒船を襲う。瓶の中に姫の姿が映っているのを本物と見違えて、したたかに酒を呑んでしまった大蛇が泥酔した機を逃さずにスサノヲは愛刀の十握剣を一閃、見事に討ち果たす。

そして息絶えた八岐大蛇の尾を切り裂いてみると、一振りの剣が現れた。スサノヲはこの剣を天叢雲剣と名付ける。かつては国生みの神・イザナギの愛刀だった十握剣の刃が欠けてしまうほど強靱となれば、類い稀な神剣に違いない。そう見込んだスサノヲは姉のアマテラスに大蛇退治の顛末《てんまつ》を報告すると共に、天叢雲剣と名付けた剣を献上した。ちなみに天叢雲剣という名は、八岐大蛇が出現する上空には常に雲が立ち込めていたことに由来する。

大蛇の霊気から生まれた神剣は現人神《あらひとがみ》の権威を象徴する三種の神器《じんぎ》に加えられ、アマテラスの孫であるニニギによって再び人間界へ戻されると、伊勢《いせ》神宮《じんぐう》に祭られる運びとなった。

伊勢神宮はアマテラスを祭るために建立された社であり、未婚の皇女が斎《さい》宮《ぐう》と呼ばれる巫女《みこ》として仕えるのがしきたりとされた。代々の斎宮に守られて、神剣は景行天皇の御代へともたらされる。

ここで新たな神剣の所有者として登場したのが、ヤマトタケルである。

勇者の危難を救う神剣

父・景行天皇の命を受けたヤマトタケルは、有名なクマソタケル兄弟を始めとする数々の強敵との激闘を制し、ついに西方征定を成し遂げる。

これで晴れて大和に帰れるかと思いきや、帝に東方十二神の荒ぶる神々を従えよと命じられ、またも放浪を余儀なくされる。悲嘆に暮れながらも新たな旅立ちの前にヤマトタケルが伊勢の大神に参拝したところ、斎宮を勤めるおばの倭《やまと》比売命《ひめのみこと》（倭姫命）より一振りの剣を授けられた。この剣こそが、天叢雲剣だった。

倭比売命は帝の命令で九州へ赴くことになったヤマトタケルに自分の衣装を与え、甥《おい》が美少女に化けてクマソタケルを討ち果たすきっかけを作った、陰の協力者であり、実の父に使役される悲劇の英雄にとってはかけがえのない、憧

憬の対象でもあった。

愛するおばより授けられた神剣を佩《は》き、ヤマトタケルは帝の新たな命令を遂行するべく東方へ赴く。

そこに待っていたのは、相模国《さがみのくに》の国造《くにのみやつこ》の謀略だった。朝廷より放たれたヤマトタケルの目的を察知した国造は先手を打つべく草原におびき出し、火を放ったのだ。

燃え盛る炎の中で、ヤマトタケルは天叢雲剣を抜いた。

剣で周囲の草を薙ぎ払って火を近付けず、収まったところで取り出したのは倭比売命が剣と一緒に授けてくれた袋だった。

中に入っていた火打石を遣って、今度はヤマトタケルが国造とその手勢に火攻めを仕掛ける。苦境を脱したヤマトタケルの知略の前に、国造一族はあえなく全滅するのだった。

これをきっかけに、天叢雲剣は草薙の剣（草那芸剣）とも呼ばれるようになったのである。

かくして相模を平定したヤマトタケルだが、勇者の苦難は絶えることがなかった。

走水《はしりみず》の海（浦賀水道）で渡りの神の怒りを買い、荒れ狂う海の中で船が難破寸前になったとき、同船していたヤマトタケルの妻・弟橘比売《おとたちばなひめ》（弟橘媛）は自らの意志で荒海に身を投げた。

弟橘比売の死で渡りの神の怒りは鎮まり、ヤマトタケルは危機を脱するが、失ったものは余りにも大きかった。無事に土を踏んだヤマトタケルは足柄《あしがら》の坂で３度「あづまはや（わが妻よ）」と嘆いたという。その悲痛の叫びは、吾妻の地名として今に伝えられている。

そして国の護りに

悲痛な想いを抑えて、ヤマトタケルの東征は続けられた。甲斐《かい》（山梨県）、信濃《しなの》（長野県）と戦いの旅を経て、尾張《おわり》まで辿り着いたヤマトタケルはかねてより婚約していた美夜受比売《みやずひめ》と結婚する。

ヤマトタケルは草薙の剣を美夜受比売の許に置いたまま、伊吹山《いぶきやま》の神を素手で退治するべく勇躍出陣していく。

弟橘比売を失った痛手を新妻に癒され、束の間の安息を得たことで気が緩んだのだろうか、それとも若さゆえの慢心か。無二の守り刀を持たぬまま戦いに挑んだヤマトタケルは白い猪《いのしし》に化身した伊吹山の神に氷雨を見舞われ、そこに含まれた邪気を浴びた結果、体の自由が利かなくなってしまった。

三重の能煩野《のぼの》までは辿り着いたものの、もはや大和まで帰る力は尽きていた。死した英雄の魂は巨大な白鳥（八尋白智鳥《やひろしろちどり》）と化して舞い上がり、河内国《かわちのくに》の志幾《しき》に降り立つと、再び天の彼方へと飛び去っていった。志幾に築かれたヤマトタケルの墓は、白鳥御陵《しらとりのみはか》と名付けられたという。

英雄の手を離れた草薙の剣は、再び三種の神器のひとつとして、歴代天皇の神威の象徴と定められた。

国造りの英雄を守護した神剣は、かくして国の護りとなったのである。

COLUMN

三種の神器

八咫鏡《やたのかがみ》、八尺勾玉《やさかのまがたま》、そして本文でご紹介した草薙《くさなぎ》の剣《つるぎ》を総称して三種の神器《じんぎ》と呼ぶ。

天皇の位を証明する印、すなわち神璽《しんじ》である三種の神器は、天孫降臨神話の主人公・ニニギがアマテラスより託された宝物だ。

この鏡と勾玉はもともと、弟のスサノヲの乱暴狼藉を恐れるあまり太陽神のアマテラスが天《あま》の岩戸《いわど》に隠れてしまったとき、彼女の心を慰め、世界に光を取り戻すべく造られた祭具だった。

鍛冶神のアマツマラ（アメノマヒトツ）と鏡造りの神イシコリドメが腕を振るって作り上げた青銅の八咫鏡は、太陽神として農耕を守護するアマテラスの魂を宿した御魂代《みたましろ》と位置付けられ、本来は農業国であるわが国の政を司る者の統治権の象徴とされた。

玉造の神タマノオヤが生み出した八尺勾玉は、三種の神器の中で生産性を象徴している。玉とは太陽の恵みを受けて収穫された稲種の収蔵する倉の神の御魂代であり、この八尺勾玉もまた、同じ性格を帯びた存在と見なされる。

残る草薙の剣は、治国に欠かせない軍事力の象徴だ。神々の世界である高天原《たかまがはら》で乱暴狼藉を働き、姉のアマテラスの心を痛めたスサノヲだが、八岐大蛇《やまたのおろち》退治をはじめとする数々の手柄を地上世界で立ててきた、英雄としての一面も無視できない。そのスサノヲが退治した大蛇の尾から取り出した宝剣だけに、計り知れない武威を秘めた、三種の神器に欠かせない存在なのである。

叢雲《むらくも》の剣《つるぎ》

所持者

蘇我入鹿《そがのいるか》

DATA

歌舞伎・文楽：『妹背山婦女庭訓』

簒奪者と神剣

ヤマトタケルの愛刀から三種の神器《じんぎ》のひとつとなった天叢雲剣《あめのむらくものつるぎ》（草薙《くさなぎ》の剣）は内裏《だいり》の奥深くに収蔵され、歴代の天皇の即位には欠かせない存在と定められていた。

その神剣を手中に収め、簒奪《さんだつ》に挑んだ一人の男がいた。

飛鳥時代の朝廷で権勢を振るった、蘇我入鹿《そがのいるか》（？～645）である。

天叢雲剣を奪った云々は歌舞伎『妹背山婦女庭訓《いもせやまおんなていきん》』（現『吉野川《よしのがわ》』）における創作だが、蘇我氏本宗家の長《おさ》として大臣《おおおみ》の座に君臨する父・蝦夷《えみし》を上回る実力者であり、朝廷の政《まつりごと》に深く介入して、天皇の即位さえ左右するほどの実力を有していたのは事実だ。

かの聖徳太子《しょうとくたいし》の兄で新天皇の有力候補だった山背大兄王《やましろのおおえのおう》（？～643）とその一族すべてを滅ぼし、悪逆ぶりでは人後に落ちない蝦夷さえ嘆いたと伝えられるほどの徹底した姿勢を示して、一権臣《ごんしん》の身でありながら絶大な専制権力を振るった入鹿は、まさに古代のわが国における最強の簒奪者だったと言っていい。

古典芸能に登場する以上、悪徳を極めた人物として描かれるのも当然のことであろう。

入鹿、その悪の魅力

明和《めいわ》8年（1771）1月に大坂竹本《おおさかたけもと》座にて初演された同名の浄瑠璃を、同年9月に大坂小川《おがわ》座で歌舞伎化した『妹背山婦女庭訓』は、古代王朝の華麗な風俗を背景とする、熾烈な権力闘争の物語だ。

入鹿の欲望の犠牲となって果てた息子と娘の遺志を汲み取り、長年の対立に終止符を打った妹山《いもやま》・背山《せやま》の二大豪族の長が蘇我氏討伐を目指す藤原鎌足《ふじわらのかまたり》に協力し、子供たちの仇《あだ》を討つという物語の中で最大の魅力を放って止まないのは、やはり悪役の入鹿であろう。本作品に登場する入鹿には、子宝に恵まれなかった蝦夷が白鹿の血を妻に飲ませたところ懐妊した、という出生の秘密が隠されており、常人離れした能力で人心を操る妖人と設定されている。

それほどの怪人物として造型されているからこそ、圧倒的な権威を握って悪逆非道の限りを尽くし、登場人物の怒りを一身に集めていても小揺るぎもしない、無双の強さを発揮できるのだ。

入鹿を倒す方法は、ひとつしかない。

爪の黒い鹿、そして嫉妬に狂った女からそれぞれ生き血を採って混ぜ合わせたものを注ぎかけた笛を吹き鳴らし、その音を聞かせて身動きできなくなったところを狙って斬り付ければ、不死身の肉体も滅することが可能なのだ。白鹿の血の魔力を受け継ぐ妖人を倒すとなれば、これほど奇抜な手続きを踏まなくてはならないのも仕方あるまいが、そう都合良く事は運ぶのだろうか。

入鹿暗殺異伝

絶対無敵の入鹿を滅ぼすべく、立ち上がったのが藤原鎌足の息子・淡海《たんかい》である。

蘇我父子の策略により、天皇の愛妾だった娘（淡海の妹）の采女《うねめ》の方《かた》ともども宮中から追われてしまった鎌足には、強大な武力を誇る蘇我一族と正面切って戦う力はない。そこで淡海は身分を偽って洛中《らくちゅう》に烏帽子折《えぼしおり》の店を構え、職人・求女《もとめ》となって宮中に出入りする算段を整えると、入鹿の身辺を探り始める。

そこで恋仲になったのが、隣の酒屋の看板娘・お三輪《みわ》だった。

ところが求女こと淡海にはもう一人、為さぬ仲の姫君がいた。嫉妬するお三輪だが、恋の仇は見るからに高貴な姫である。正面から文句をつけるわけにもいかなかった。

蘇我入鹿暗殺の大望を抱く身にしては迂闊《うかつ》に過ぎるが、店に忍んできてはいつも夜明け前に帰っていく姫の素性を、淡海は知らないままに付き合っていた。ある日、淡海は姫の袖《そで》に苧環《おだまき》の糸を結び、そっと後を尾けていく。さすがは藤原一族の若君、色欲に溺れていても抜かりがない淡海だったが、気付かぬうちに自分も袖に糸を結びつけられ、お三輪に尾行されているとは知る由もなかった。恋の一念に燃えた娘は、かくも冷静かつ大胆に行動できるものなのだ。

辿り着いた先は、入鹿の御殿であった。

姫の正体は入鹿の実の妹・橘姫《たちばなひめ》だったのである。

淡海が恋人の正体を見抜いたとき、橘姫も相手が兄の命を狙う藤原鎌足の御曹子と察しを付けてしまう。

やむなく淡海は刀（古代の話であっても、舞台と衣装は歌舞伎の常として江戸時代ふうの設定なので剣ではない）を抜き放ち、入鹿暗殺の秘密を守るために橘姫を斬ろうと振り上げる。

覚悟を決める橘姫だったが、刀を止めた淡海は命を助ける代わりに入鹿が奪った三種の神器のひとつである、叢雲《むらくも》の剣を持ち出してほしいと頼み込む。愛する男のため、橘姫は苦悩した末に引き受ける。

橘姫の許嫁者として御殿に上ることを許された淡海は、さっそく婚礼の儀を整えてもらう。その隙に橘姫は入鹿の目を盗み、御殿の奥深くに安置された叢雲の剣を持ち出そうという計画であった。

一方のお三輪は、遅れて辿り着いた御殿で婚礼の準備が進められているのを知り、かつてなく激しい嫉妬を覚える。

そこに忽然と現れたのが、淡海に先んじて御殿へ潜り込んでいた漁師の鱶《ふか》七《しち》。実は藤原鎌足の無二の忠臣・金輪五郎《かなわのごろう》だった。刀を抜いた五郎は有無を言わせることなくお三輪を刺し、淡海の正体と目的、そして入鹿を倒すためには嫉妬に狂った女の血が必要と明かす。これでお前は身分の壁を越え、淡海様の奥方になれるのだと告げてやり、五郎は満足して死んでいくお三輪を看取るのであった。

その頃、橘姫は叢雲の剣を持ち出そうとしていた。そこに突然現れた入鹿は、裏切り者の妹をあざ笑う。姫が奪った剣は偽物だったのだ。

簒奪者の入鹿にとって、妹を殺すことなどは雑作もない。

橘姫が窮地に陥ったとき、高らかに笛の音が響き渡った。

淡海の笛で身動きを封じられた入鹿の手から離れた刹那《せつな》、神剣は竜の姿に変じた。竜は背山で戦いの準備を進める鎌足の許へ飛来し、元の姿に戻る。

叢雲の剣を失ったことで、入鹿は簒奪者の資格を無くしてしまったのだ。

追い詰められながらも果敢に抵抗する入鹿だったが、叢雲の剣と一緒に淡海が奪還した三種の神器のひとつ・八咫鏡《やたのかがみ》の反射光を浴びせられ、又しても動けなくなったところに鎌足の一刀を見舞われ、首を刎《は》ねられた。神通力を失っ

満

た妖人の生命はかくして絶たれ、入鹿のいなくなった蘇我一族は崩壊の一途をたどるのであった。

ちなみに鎌足がこのとき用いたのは太刀《たち》ではなく鎌《かま》で、誕生の際に荼吉尼《だきに》天《てん》の化身の白狐《しらぎつね》より与えられたとする、中世に成立した説話『天照大神口《あまてらすおおみかみく》決《けつ》』『春夜《しゅんや》神記』の記述に基づく設定。鎌足の名も神鎌に由来する命名とされている。一代の簒奪者も神威を授かった鎌足の鎌、そして、薄幸の娘・お三輪の生き血なくしては顕現し得なかった笛の音の奇跡の前には、為す術がなかったのである。

COLUMN

蘇我氏と藤原氏

皇極《こうぎょく》4年（645）6月に朝廷内で権勢を欲しいままにしていた蘇《そ》我入鹿《がのいるか》が暗殺され、その父の蝦夷《えみし》が自害して果てた結果、晴れて天皇を中心とする新たな政治体制が発足した大化《たいか》の改新《かいしん》。

権力を私していた大臣の蘇我父子の滅亡後、新体制の下で天皇家のブレーンとなったのが、藤原《ふじわらの》（中臣《なかとみの》）鎌足《かまたり》だ。晩年に賜った藤原姓は子の不比等《ふひと》に受け継がれ、平安の世から近現代までわが国屈指の名家として存続するに至った。つまり、大化の改新は蝦夷・入鹿に乱された天皇一元の政治体制の復活と同時に、蘇我氏から藤原氏への交代劇だったということになる。

かくして藤原氏繁栄の礎を築いた鎌足は、大化の改新においてはあくまでも陰の存在、フィクサーに徹した。討たれた入鹿が自ら表舞台に立ち、天皇家をおびやかす数々の大胆不敵な謀略を演出したのとはまったく対照的な姿勢である。

反蘇我氏の旗頭には中大兄《なかのおおえの》皇子、後の天智《てんじ》天皇こそ最適と見込んだ鎌足は、有名な法興寺《ほうこうじ》（今の飛鳥寺《あすかでら》）の蹴鞠《けまり》の会で知り合った皇子と共に入鹿暗殺計画を練り上げ、信頼の置ける同志を募って事を決行する。

実質的なリーダーとしての行動を取りながら、暗殺の場で鎌足は入鹿の成敗を旗頭の皇子に託し、自身は傍らで弓を構えて周囲の守りを固めたのみである。古典芸能の世界で自ら入鹿を追いつめる姿とは正反対だが、一貫して陰の存在に徹すればこそ事後のトラブルを招くこともなく蘇我氏に取って替わり、永く天皇家のブレーンとして厚遇されるに至ったと言えるのではないだろうか。

小鳥《こがらす》の名刀《めいとう》

所持者

時次郎《ときじろう》

DATA

新　内　節：『明烏夢泡雪』『明烏後真夢』

新内節に名刀

男女の仲の機微を唄い、心中を流行らせたという理由から一時は幕府に禁じられたこともある江戸浄瑠璃のひとつ、新内節《しんないぶし》。

その新内節に名刀が出てくるといえば、さぞ驚かれるだろう。

鶴賀若狭掾《つるがわかさのじょう》が安永《あんえい》元年（1772）に発表した『明烏夢泡雪《あけがらすゆめのあわゆき》』は、吉原《よしわら》遊女の浦里《うらざと》と分限者の息子の時次郎《ときじろう》の悲恋を描いて人気を博した、数ある新内節の中でも際立って知名度の高い作品だ。

発表される3年前、明和《めいわ》6年（1769）7月に起きた実際の心中事件を基に書かれているものの、主人公の若い2人はしばしば絶望的な状況に追いやられながらも安易には死を選ばない。そして安政《あんせい》4年（1857）に富士松魯中《ふじしょうろちゅう》が発表した続編『明烏後真夢《あけがらすのちのまさゆめ》』では晴れて夫婦となる結末を迎えるが、ここで重要な役割を果たすのが名刀・小烏丸《こがらすまる》（作中では小鳥の名刀）である。

名刀の霊験が救った男女の命

金の工面がつかなくなった時次郎は逢世が叶わなくなり、遊廓の浦里の部屋に忍んで暮らそうとする。しかしすぐに見つかり、時次郎は表へ叩き出される。残った浦里は店の主人の折檻を受け、協力者である禿《かむろ》（遊女の身の回りの世話をする少女）のみどりと共に、庭の古木に縛り付けられてしまう。そこに忍び込んだ時次郎は浦里とみどりを助け出し、叔父が住職を勤める深川《ふかがわ》の慈眼寺《じがんじ》まで落ち延びるが、もはや逃げ切れないと諦め、墓地の柳で首を吊ってしまう。

ぎりぎりまで生きようとしていた２人も、ついに覚悟を決めざるを得ないところまで追いつめられたのだった。

そこで俄然として注目されるのが、時次郎の家に代々伝わる家宝・小烏の名刀である。心中の報を伝えられた時次郎の家から急遽運ばれた名刀は見事に霊験を発揮し、２人は息を吹き返すのだ。

新内節とは、いわば流行歌である。最大限にわかりやすく、聞きやすくなくては意味がない。それに、いかに刀剣が現代よりも遥かに身近だった時代とはいえ、生半可な「名刀」では誰もが皆知っているというわけにはいかないし、死者を生き返らせるという設定にも、説得力が出てこない。

その点、小烏の名刀は申し分がなかった。生半可な「名刀」の類いではない。平家《へいけ》に代々伝わる家宝、すなわち重宝《じゅうほう》だったのである。

平家の重宝

もちろん、完全な作りごとの『明烏夢泡雪』『明烏後真夢』に出てくるように分限者の商人が所有するはずもなく、江戸時代には幕府の有職故実を勤める伊勢《いせ》家が秘蔵していた。

歴代の徳川将軍への上覧など、限られた機会にしか持ち出されることがなかった小烏丸だが、その仕様については比較的、早い段階から判明していた。伊勢貞丈《さだたけ》（1717 ～ 84）が当主だった頃の、老中首座・松平定信《まつだいらさだのぶ》の命で編纂された『集古十種《しゅうこじゅっしゅ》』に、小烏丸が描き写されている。

刀身は実測 62.6センチ、反《そ》り 1.2センチ。

剣尖《けんせん》から刀身の中央部分までが諸刃《もろは》の、小烏丸造《こがらすまるづくり》と呼ばれる独特の外見を成しており、それがまた美しい。

この小烏丸、本をただせば桓武《かんむ》天皇（在位 781 ～ 806）の御剣《ぎょけん》であった。

故に、桓武天皇の曾孫に当たる高望王を祖とする平家の重宝とされても取り立てて違和感はないのだが、新築されて間もない平安京の南殿上空に飛来した、全長８尺（約 240センチ）の巨大な烏《からす》がもたらした……という由来は、いささか話が大きすぎる。

洋の東西を問わず、宝物にはその価値を否が応にも高めずには置かない伝説・伝承の類いが併せて伝えられるのが常であるが、どうして小烏丸の場合には、このような由来が作られたのだろうか。

霊験の由来

平家にとっての小烏丸は、単なる武具としての太刀《たち》ではなかった。天皇の血を引く名家の証しとして、数ある武士団の中から抜きん出るためにも実力だけではなく、権威が必要だった。

その権威を揺るぎないものとするために、小烏丸には現世を超えた神威が必要だったのだ。

太刀を運んできた烏は、単に巨大なだけの怪鳥ではない。古来より神鳥として名高い、八咫鴉《やたからす》であった。平家の象徴である小烏丸の権威を高めるには、まさに格好の贈り主だったといえるだろう。ちなみに、この太刀を小烏丸と命名したのは桓武天皇その人とされている。

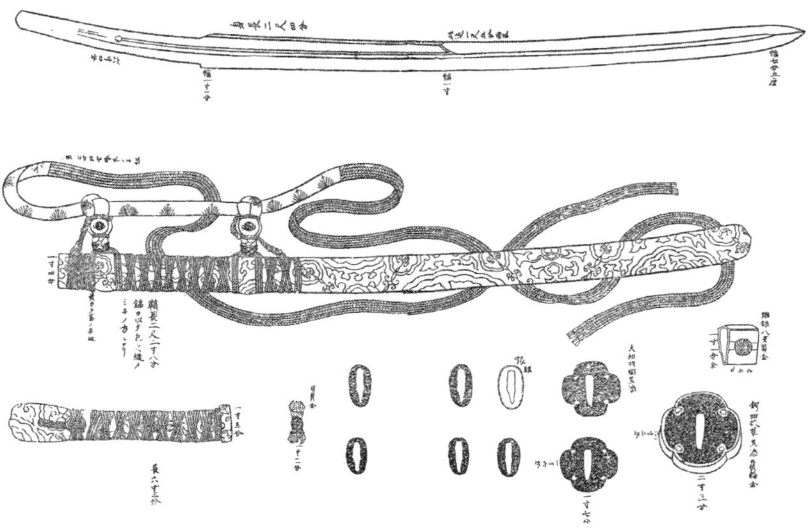

伊勢貞丈家蔵小烏丸太刀圖

小鍛冶宗近《こかじむねちか》（小狐丸《こぎつねまる》）

所持者

三条宗近《さんじょうむねちか》

DATA

能・文楽：『小鍛冶』

狐の相槌で鍛えた名刀

能の五番目物『小鍛冶《こかじ》』に登場する小鍛冶（三条《さんじょう》）宗近《むねちか》は、平安時代の初期に実在した有名刀工である。

一条天皇より作刀を命じられることから物語が始まるのも、宗近という刀工の名声が、生前から高かった史実に裏付けられている。

とはいえ、いかなる名工といえども、いや、確かな実力を備えていればこそ、御剣《ぎょけん》を手がけるとなれば悩むのは当然だった。刀工として比類なき名誉に浴する絶好の機会であると同時に、ひとたび失敗すれば名声は地に堕ち、命取りにもなりかねない。悩む宗近は伏見《ふしみ》へ出かけ、氏神の稲荷《いなり》明神《みょうじん》に祈誓して心気を錬り直すことにした。

すると１人の気高い童子が現れ、相槌《あいづち》と頼むに値する弟子がいないがために自信が持てずにいた宗近に、かの草薙《くさなぎ》の剣をはじめとする刀剣の素晴らしさを滔々《とうとう》と語り聞かせた上で、力を貸そうと申し出る。

かくして不思議な童子は名工・三条宗近の相槌を握ることになり、見事な技量で役目を全うした。

宗近は鍛え上げげた太刀《たち》の茎表《なかごおもて》に「小鍛冶宗近」、そして裏に「小狐《こぎつね》」と銘《めい》を切った。すでに、この童子が稲荷明神の遣わした狐の化身ではないだろうかと察しを付けていたのだ。

すると、童子は自分が稲荷明神であることを明かし、太刀の出来映えを褒め称えると雲に乗り、稲荷山へと飛び去っていった。

以上が『小鍛冶』のあらましである。

満

小鍛冶の異名

能以外にまで裾野を広げて見ても、刀工本人が登場する古典芸能は極めて少ない。この『小鍛冶』を除いては、別項にて紹介する『新薄雪物語《しんうすゆきものがたり》』（p152参照）ぐらいのものであろう。それだけに、三条宗近は実在の名工であるというのみならず、架空の物語の設定上においても確かな存在感を示すだけの傑物だったということになる。

その宗近が、作中において「小鍛冶」と称される理由については諸説が唱えられているが、一説によると当時の山陰地方では刃物全般を手がける者を小鍛冶屋、素材となる鋼《はがね》を鍛える製鉄師を大鍛冶屋と呼んで区別していた習慣から来ているのではないか、といわれている。そうすると、宗近が「小鍛冶」と呼ばれていたとしても不自然ではあるまい。山陰ならぬ京の都では有り得ない現象、という解釈もできるが、まだ刀鍛冶の絶対数がそう多くはなかったはずの平安の世に在って、宗近が帝の御下命を受けるほどに洛中《らくちゅう》でそれと知られた名工だったという事実を考え併せれば、一種の尊敬の念を持って「小鍛冶」の呼称を冠《かん》せられていたとしても、決しておかしくはないだろう。

名刀中の名刀、三日月宗近

話を『小鍛冶』に戻そう。

稲荷明神御自《おんみずか》らの相槌のお蔭で見事に鍛え上げられた太刀は、「小狐丸」と称されることになった。宗近の作として確かに実在したとされているが、平安時代以降に行方不明となり、詳細は伝えられていない。

もう一振り、宗近の作なのかどうかは定かでないが、藤原忠平《ふじわらのただひら》より帝へ雷除《かみなりよけ》として献上され、後に関白《かんぱく》の九条《くじょう》家に下賜《かし》された刀に小狐丸なる太刀が存在したという。稲荷明神が穀物の生育を助ける農耕神であることに由来する命名と見なされるが、この小狐丸こそが『小鍛冶』に取り上げられたものと同一だったとすれば、興味深い。物語の最後に雲を呼んで去っていく稲荷明神は、まさに雷雲を操って雨を呼び、稲妻をも制御することができる存在だからである。

さて、それでは現存する宗近の太刀を最後にご紹介しよう。

通称は「三日月宗近《みかづきむねちか》」。名刀中の名刀と呼ばれる、宗近作の逸品である。

刀身は実測で80.0センチ、反《そ》り2.7センチ。

細身で反りがかなり強く、江戸時代の打刀《うちがたな》を見慣れた目には、刀身そのものが三日月のようにも映るのだが、通称の真の由来は刃文《はもん》にこそ見出される。この太刀の刃文は上半分が二重三重に重なり、下半分（打《うち》のけ）が見事な三日月形になっている。これは宗近の作刀のすべてに共通する作風というわけではない。宗近本来の刃文は直刃《すぐはじた》仕立てに小丁子乱《こちょうじみだれ》が混じるというもので、三日月形の刃文はこの一振りに独特というから、まさに計り知れない価値を持つ。

稀代の名工が丹精を込めた結果、図らずも生まれた名刀中の名刀。

それが三日月宗近なのだ。

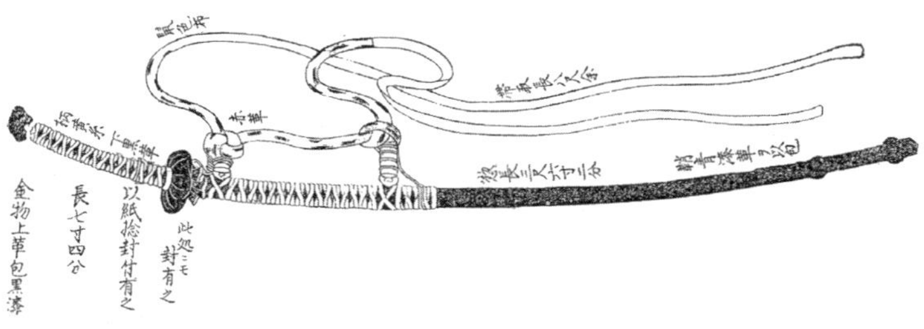

河内國愛宕山藏小鍛治宗近太刀圖

童子《どうじ》切《ぎり》安《やす》綱《つな》・蜘蛛《くも》切《ぎり》

所持者

源 頼光《みなもとのよりみつ》

DATA

能	：『大江山』『土蜘蛛』
歌舞伎	：『蜘蛛』
御伽草子	：『酒呑童子』
軍記物	：『平家物語』

源氏の嫡流、鬼を斬る

源 頼光《みなもとのよりみつ》（948 ？～ 1021）は、清和《せいわ》天皇に連なる源氏《げんじ》の嫡流である。源満《みつ》仲《なか》の嫡男に生まれた頼光は、摂津《せっつ》源氏の祖となって摂関家《せっかんけ》（藤原氏）との関係を密にし、清和源氏全体の発展に多大な貢献を果たした。

頼光の勇名が世にあまねく知られるに至ったのは、能『大江山《おおえやま》』に取り上げられた、酒呑童子《しゅてんどうじ》退治の伝説に拠るところが大きい。

それでは『大江山』のストーリーに則して、頼光と酒天童子の息詰まる戦いの様相をご紹介していこう。

丹波《たんば》は大江山に巣食い、洛中《らくちゅう》に出没しては女をさらっていく鬼神・酒呑童子を退治せよとの勅命を奉じた頼光は、一族郎党《ろうとう》の50余名を引き連れ都を発った。

山伏に身をやつし、武具を葛《つづら》に隠して背負った頼光とその一行は、童子の侍女にされていた都の女の手引きで館への潜入を果たす。人肉を喰らう童子も出家には手を出さないと、頼光は知っていたのだ。人間の姿で一行を出迎えた童子は、館の場所を余人に知られたことを嘆きつつ、くれぐれも他言しないようにと念を押した上で歓待し、自らもしたたかに大酒を呑んで熟睡してしまう。かくして、鬼退治のお膳立ては整った。

寝所に攻め込んだ頼光たちの正体を知り、怒り狂って鬼の正体を顕《あらわ》した童子は反撃を目論むが、酒が廻ってしまっていて動くに動けない。頼光は抜かりなく、童子の酒に毒を仕込ませていたのだ。頼光は太刀《たち》を振るって童子の首を打ち落とし、都へと凱旋していく。

このとき、頼光が用いた太刀が大原安綱《おおはらやすつな》だった。後に童子切安綱《どうじぎりやすつな》の異名を冠《かん》せられ、天下五剣《てんかごけん》の筆頭にも挙げられた稀代の名刀である。

作刀者の大原安綱は平安時代初期、大同《だいどう》年間（806 ～ 810）に大原一門の祖となった刀工で、伯耆国《ほうきのくに》安綱とも呼ばれる。息子の眞守《さねもり》を始めとする大原一門は、伯耆（鳥取県西部）で大いに栄えた。

童子切安綱の刀身は実測 80.0センチ、反《そ》り 2.7センチ。

刃長《じんちょう》も反りも申し分のない、まさしく威風堂々たる太刀姿である。

酒呑童子が存在したか否かの真偽の程はともかく、鬼退治の名刀という代名詞に恥じない、天下の一振りと断言して差し支えないであろう。

蜘蛛退治の名刀

頼光にゆかりの名刀は、もう一振り存在する。その名を「膝切《ひざきり》」という。

源氏重代の宝剣として、「髭切《ひげきり》（鬼切《おにきり》。p36 参照）」と共に鍛えられ、童子切安綱と同じく頼光自らが化物退治に振るったと伝えられる剛剣だ。

屋代《やしろ》本『平家物語』剣巻《つるぎのまき》によると、頼光が病で伏せっていた夜、身の丈7尺（約 210センチ）の巨漢が突如として寝所に現れ、縄で絞め殺そうと襲いかかってきた。

すかさず、頼光は枕元に置いていた膝切を取って一閃させた。

平安の世の夜ともなれば、当然ながら周囲は闇に包まれている。手応えを感じた頼光が、灯火の下にこぼれていた血の跡を頼りにたどっていくと北野《きたの》神社へ出た。血の跡は塚穴のところまで続いている。掘り返させると中から巨大な土蜘蛛《つちぐも》が見つかったので、すかさず搦め取って仕留め、事なきを得た。頼光に向かって放たれた縄は、化物が吐いた蜘蛛の糸だったのである。かくして退治された大蜘蛛の死骸は鉄の串に刺し貫かれ、河原にさらされたという。以降、膝切は「蜘蛛切《くもぎり》」と称されるようになった。

この大蜘蛛退治の伝説は、翻案されて能『土蜘蛛』となり、明治の世を迎えてから歌舞伎舞踊『土蜘《つちぐも》』が作られた。能の『土蜘蛛』において頼光は膝切（作中では膝丸）で初太刀を浴びせるにとどまり、北野神社（作中では葛城《かつらぎ》山）まで土蜘蛛を追いつめ、斬り伏せるのは駆け付けた独武者《ひとりむしゃ》の役どころとなっている。

その『土蜘蛛』を基に河竹黙阿弥《かわたけもくあみ》作詞、3 世杵屋正次郎《きねやしょうじろう》作曲で明治 14 年（1881）6 月に東京新富《とうきょうしんとみ》座にて初演された『土蜘』においても、化物退治をするのは頼光本人ではなく、渡辺綱《わたなべのつな》らの頼光《らいこう》四天王である。主人に代わり、四天王が活躍するという設定は御伽草子《おとぎぞうし》絵巻『土蜘蛛草子』に一致している。頼光自らが病の身で化物を追うよりも、むしろリアリティーのある設定と言えるだろう。

すべては都の安寧のために

鬼に大蜘蛛と、この世のものではない化物相手に互角以上に渡り合った一連の伝説は、まさに絵に描いたような英雄譚《えいゆうたん》である。

しかし、ここで現実に則して考えてみよう。

いかに1000年を超える過去の出来事とはいえ、これほどまでに魑魅魍魎《ちみもうりょう》が洛外に跋扈《ばっこ》していたとは、さすがに考え難い。

もちろん、頼光と四天王を始めとする家臣たちが、都に害を為す存在を駆逐したのは間違いあるまい。いかに伝説とはいえ、まったく事実無根な事柄を取り上げることは有り得ないからだ。

それでは、頼光たちは何者を退治したのだろうか。

頼光が登場するよりも遥か以前、それこそ神代《かみよ》の時代から、歴代の朝廷は都の安寧を守るために多数の軍団を擁していた。東北征伐の任を担った征夷大将軍《せいいたいしょうぐん》・坂上田村麻呂《さかのうえのたむらまろ》の昔から続く伝統は、朝廷に刃向かう者が残らず平らげられてからも存続し、洛外からの侵入者を徹底して阻んだ。頼光が安綱で斬った相手は鬼などではなく、幻術を遣う山賊だったとする説が後世に唱えられているが、都の安寧を冒す者という一点で括れば、相手が鬼であれ生身の人間であれ問題ではなかったのだ。

神代の時代、洛外の地の高尾張邑《たかおわりのむら》には土蜘蛛と称された土着の民が存在していたと「神武紀《じんむき》」(『古事記』中の一節)に書かれている。つまり、頼光の大蜘蛛退治の伝説は平安時代にリアルタイムで起こったことではなく、過去の出来事に依拠して作られたものと見なすことができるのだ。

神武天皇の征伐後、高尾張邑を改め葛城《かつらぎ》となった地には、かつて土蜘蛛と呼ばれていた人々のおびただしい血が染み込んでいる、という事実を考え併せると、大蜘蛛の無惨な骸《むくろ》が河原にさらされたという『平家物語』剣巻における記述が、にわかに生々しいまでの現実味を帯びて迫ってくる。古い文化が排除されて新たな社会体制が築かれ、時を経て、また同じことを繰り返すのが人の世の常とはいえ、暗澹《あんたん》たる想いに駆られずにはいられない。

天下五剣

童子切安綱《どうじぎりやすつな》。
大典太光世《おおてんたみつよ》。
三日月宗近《みかづきむねちか》。
数珠丸恒次《じゅずまるつねつぐ》。
鬼丸国綱《おにまるくにつな》。

この５振りの太刀を総称して、天下五剣と呼ぶ。刀剣鑑賞の基礎が固まった室町時代に定められた天下五剣は、平安時代初期〜鎌倉時代に活躍した名工たちの、いずれ劣らぬ入魂の作だ。

それでは、一振りごとの来歴を見ていこう。

筆頭の童子切安綱は、伯耆《ほうき》国（鳥取県）出身で、平安時代初期に当たる大同《だいどう》年間（806 〜 810）を中心に作刀した、わが国最古の刀工ともいわれる大原安綱《おおはらやすつな》作の逸品。童子切の異名は、清和《せいわ》源氏の嫡流・源頼光《みなもとのよりみつ》が京の都を騒がせた大江山《おおえやま》の酒呑童子《しゅてんどうじ》の首を斬ったとの伝承に基づいている。

続く大典太光世は、加賀《かが》百万石の前田《まえだ》家に代々伝えられた秘蔵の一振り。太閤秀吉より盟友の前田利家《としいえ》に譲られた宝剣の作者は承《じょう》保《ほう》年間（1074 〜 77）に活躍した、筑後《ちくご》国（福岡県）の三池光世《みいけみつよ》である。秀吉の手に渡る以前は、足利《あしかが》将軍家の重宝だった。

打のけ（焼刃の模様）が他にほとんど例を見ない三日月形であることから異名がついた三日月宗近は、永延《えいえん》年間（987 〜 989）の京で評判を取った名工・三条宗近《さんじょうむねちか》。徳川家伝来の宝剣で、現在は国宝指定を受けている。

日蓮宗《にちれんしゅう》の開祖・日蓮上人《にちれんしょうにん》が破邪顕正《はじゃけんしょう》の剣として所有したと伝えられる数珠丸恒次は、鎌倉時代初期の承元《しょうげん》年間（1207 〜 11）の備《びっ》中《ちゅう》国（岡山県）で活躍した、青江恒次《あおえつねつぐ》の作。この恒次は刀剣趣味が嵩じて自ら太刀を鍛えたことで知られる後鳥羽《ごとば》上皇の御番《ごばん》鍛冶を勤め上げた、鎌倉時代を代表する刀工のひとりである。

最後の鬼丸国綱は鎌倉幕府の歴代執権《しっけん》が秘蔵した太刀で、作者は５代執権で刀剣に造詣の深い北条時頼《ほうじょうときより》が、京の都より鎌倉へ招いた粟田国国綱《あわたぐちくにつな》。鎌倉幕府滅亡後は南北朝動乱の英雄・新田義貞《にったよしさだ》の手に渡り、戦国乱世には信長、秀吉と歴代の天下人を経て家康にもたらされ、明治の世まで徳川家の秘蔵刀として永らく保持された。

鬼切《おにきり》（髭丸《ひげまる》）

所持者

渡辺綱《わたなべのつな》

DATA

軍記	『平家物語』『太平記』
説話集	『古今著聞集』

頼光四天王随一の勇者

渡辺綱《わたなべのつな》（953 ～ 1025）は嵯峨源氏《さがげんじ》の流れを汲む箕田《みのだ》源氏一族の子で、かの酒呑童子《しゅてんどうじ》退治で知られる源頼光《みなもとのよりみつ》に仕えた郎党《ろうとう》である。

渡辺姓を称したのは、源（多田《ただ》）満仲《みつなか》の婿《むこ》・敦《あつし》の養子となり、養母（満仲の娘）の住まう摂津《せっつ》（大阪）の地名・渡辺にちなんでのこととされている。綱が率いた渡辺党は水運の地である難波に拠点を構え、川越えに従事する力役たちを束ねていたとも伝えられる。

朋輩の坂田金時《さかたのきんとき》、平貞道《たいらのさだみち》、平季武《すえたけ》ともども頼光《らいこう》四天王と呼ばれた綱には単独で鬼と勇敢に渡り合った伝説もあり、頼光に次ぐ存在として名高い。

屋代《やしろ》本『平家物語』剣巻《つるぎのまき》に、次のような話が紹介されている。

一条戻橋で出会った鬼女

京・一条堀川《いちじょうほりかわ》の戻橋《もどりばし》で、綱は一人の美女に出会った。用心のために綱が五《ご》条《じょう》の渡しまで送ってやったところ、美女はたちどころに鬼の姿に変じ、襲いかかってきた。この美女の正体は、頼光と四天王に討たれた酒呑童子の腹心・茨木《いばらき》童子だったのである。

となれば、速やかに斬って倒す他にあるまい。図らずも綱が佩《は》いていた太刀《たち》は、髭丸《ひげまる》と呼ばれる源氏重代の名刀だった。

主人の頼光より預けられた髭丸は、綱の養祖父に当たる源満仲が天下の守りとして鍛えさせた二振りのうちの一振りで、髭丸なる呼称は罪人を生きたまま

試し切りに処したとき、髭まで斬れたことに由来していた。もう一振りの、頼光の手元に残された太刀が膝切《ひざきり》（p32 参照）である。呼称は同じく試し切りで膝まで斬れたことに基づいていた。

ちょうど、綱は甲冑《かっちゅう》を身に着けていた。3 本指を伸ばして兜《かぶと》をつかんだ茨城童子はそのまま飛翔しようとするが、綱は動じることなく、その太い腕を一刀の下に斬って落とす。鋭利な刃に、用いる者の技量が加わってこそ、初めて成せる業であった。やむなく茨木童子は片腕をその場に残したまま飛び上がり、隠れ住む愛宕山《あたごやま》へと逃げ帰った。

顛末《てんまつ》を頼光と陰陽師《おんみょうじ》の安倍晴明《あべのせいめい》に報告した綱は、晴明の勧めで周囲との交渉を絶ち、物忌《ものい》みに入った。鬼のケガレに触れたからである。

すると 6 日目の夕方、渡辺の養母が訪ねてきた。親となれば会わないわけにもいかずに綱が応対すると、養母は鬼の腕が見たいとねだり、やむなく披露せざるを得なくなる。しかし、これは茨木童子の企みであった。

「此《これ》は我が手なれば取りて行くぞ」

一声叫んで正体を現した鬼は己が腕をつかみ、天井の板を突き破って逃げ去った。

茨木童子が、丸腰でいたはずの綱を何故《なぜ》に殺さずに去ったのかは定かでない。自由の利かない身では腕を取り戻すのが精一杯だったのか、たとえ佩いてはいなくても髭丸の切れ味の鋭さに恐れをなしたのか……ともあれ綱は一命を拾い、髭丸は鬼切とその呼称が改められるに至った。

なお、綱にはもうひとつ、主人の頼光の命を狙って襲ってきた鬼同丸《きどうまる》を討ったとの逸話が『古今著聞集《ここんちょもんじゅう》』巻 9 に記されている。名刀を振るっての化物退治では、まさに頼光に次ぐ勇者であったと言えるだろう。

COLUMN

権力者の心の闇を払った名刀「鬼丸国綱」

源氏にゆかりの鬼退治の剣は、この髭丸改め鬼切の他に、もう一振りが存在する。

童子切安綱《どうじぎりやすつな》（p31参照）と並んで天下五剣《てんかごけん》の一振りに数えられ、現在は皇室御物の宝剣、すなわち御剣《ぎょけん》として名高い「鬼丸国綱《おにまるくにつな》」である。

誰が鍛えたのかが不詳の鬼切に対して、鬼丸国綱は作刀者もはっきりしている。鎌倉時代中期に京で栄えた粟田口派の名工、粟田口《あわたぐち》国綱《くにつな》（藤六左近《とうろくさこん》）だ。

刀身は実測78.2㌢、反《そ》り3.2㌢。

見るからに鎌倉武士好みの、堂々たる威風を示して止まない鬼丸国綱は一人の権力者の命を救ったことで知られる。

鎌倉幕府の初代執権として権勢を誇った、北条時政《ほうじょうときまさ》である。

初代将軍・源頼朝《よりとも》の義父である時政は源氏の嫡流を3代で途絶えさせ、娘の政子《まさこ》ともども首尾よく幕府の実権を握って、北条一族による一元支配を実現させた。非情かつ老獪に野望を達成した時政だが、やはり生身の人間なれば、良心の呵責《かしゃく》からは逃れられなかった。

夜毎の悪夢にうなされるようになった時政の枕元には、全長が1尺（約30㌢）ばかりの小鬼が毎晩現れ、眠りを妨げていたのである。

加持祈祷《かじきとう》も効き目がなく、憔悴《しょうすい》して倒れた時政に救いの手を差し伸べたのは所蔵の名刀・国綱だった。所蔵はしていても、日頃から十分な手入れを行き届かせていたわけではない。にも関わらず、名刀は権力者の苦境を見捨てようとはしなかったのである。

太刀の化身と称する老爺のお告げを受け、錆《さ》びた刀身を清めた上で小鬼の出現に備えるように伝えられた時政は、夜が明けるのを待って斎戒沐浴《さいかいもくよく》し、さっそく事を実行に移した。その夜、老爺から指示された通りに抜き身のまま居間の柱に立てかけておいたところ、ひとりでに倒れた国綱の刀身は時政愛用の火鉢《ひばち》を直撃し、台座の部分の小鬼の頭を、ものの見事に切り落とした。この小鬼の像にいつの間にか悪霊が宿り、時政に夜毎の悪夢を見させていたのだ。

爾来、時政を救った太刀は鬼丸国綱と命名されたという。

以上は『太平記《たいへいき》』に記された逸話だが、壮年に至っては鎌倉に移住したといわれる国綱も、時政が初代執権の座に在《あ》った当時にはまだ生まれてもおらず、時代が明らかに一致していない。後世に至り、この逸話の主人公は時政から５代執権の時頼《ときより》へと改められているが、霊験あらたかな名刀としての価値そのものが損われたわけではないことを付記しておきたい。

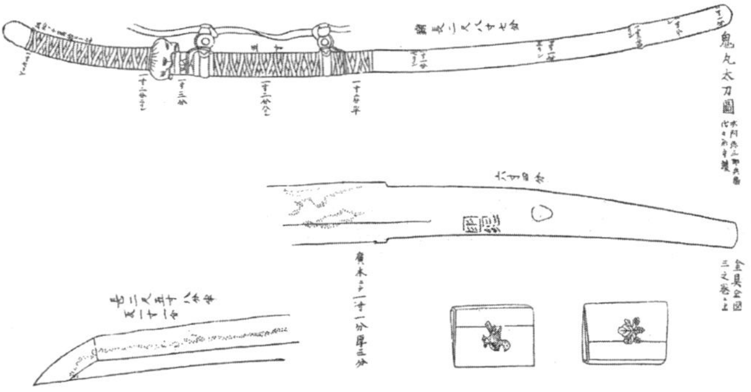

獅子王の太刀
ししおう　たち

所持者

源　頼政
みなもとのよりまさ

DATA

軍記物	『源平盛衰記』『平家物語』
能	『鵺』
歌舞伎	『玉藻前』

帝を守護する者の剣

獅子王《ししおう》の太刀《たち》は、実在する名刀だ。

現在、皇室の御剣《ぎょけん》の一振りとして東京国立博物館に所蔵されている獅子王の太刀は、長さが実測77.3センチ、反《そ》りが2.7センチ。作刀時そのままの生《う》ぶ茎《なかご》に銘《めい》は掻《か》かれていないが、その作風から平安時代の大和鍛冶《やまとかじ》の作と見なされる。

平安から鎌倉時代に用いられた太刀を表現する常套句《じょうとうく》「鎬《しのぎ》高く幅広く、腰反り高く、踏張《ふんば》りのある」がぴったり当てはまる刀身でありながら、直刃《すぐは》の刃《は》文《もん》は平安以前の直刀《ちょくとう》（剣）に似ているともいわれる。付属する黒漆糸巻太刀《くろうるしいとまきたち》拵《ごしらえ》は鎌倉時代末期の作とされており、当時の太刀拵の特徴をよく後世に伝えている。

所有者の源頼政《みなもとのよりまさ》（源三位入道《さんみにゅうどう》）は、摂津源氏《せっつげんじ》の長《おさ》である。

源満仲《みつなか》を祖とする源氏一族、いわゆる清和《せいわ》源氏の中には、長男の頼光《よりみつ》に連なる摂津源氏に対し、三男の頼信《よりのぶ》に始まる河内《かわち》源氏が存在した。源平の対立の因縁を最初に作った人物としては河内源氏の長であり、頼朝《よりとも》・義経《よしつね》兄弟の父でもある悲劇の武将、源義朝《よしとも》が広く知られている。

平治《へいじ》の乱（1159）に敗れた義朝が暗殺の憂き目を見た後、遺児の頼朝が雌伏の時を経て成長し、ついに平家《へいけ》打倒に立ち上がったことから源平は雌雄を決するべく、総力戦の火蓋が切って落とされたわけだが、実は源平争乱において最初に蜂起したのは頼朝ではなく、治承《じしょう》4年（1180）の治承・寿永《じゅえい》の乱で兵を挙げた、摂津源氏の頼政だった。

不遇なる摂津源氏

摂津源氏の武士団は代々、内裏《だいり》（皇居）を守る大内守護《おおうちしゅご》の役目を勤めてきた。帝の警護役といえば聞こえはいいが、その実態は宮中への参内さえも許されない、貴族たちから見ればごく低い立場だった。

それでいながら、参内を許された大身の貴族たちは、大内守護の力に依存し切っていた。と言っても、貴族が期待したのは「弓馬《きゅうば》の道」に代表される、武士団の戦闘要員としての力ではない。

滝口《たきぐち》の武士に端を発する大内守護に求められたのは洛中洛外《らくちゅうらくがい》での戦闘行為ではなく、宮中からケガレを払うためのまじないとして弓《ゆみ》を空《から》打ちして鳴らすのを始めとする、「辟邪《へきじゃ》の武」といわれる呪術的な武威を示すことだった。極度に迷信に弱かった貴族は、大内守護の摂津源氏にケガレを払う大役を任せると同時に、ケガレと直に向き合う者たちとして蔑んだ。いかにも権力者らしい身勝手な理屈だが、これでは摂津源氏に地位の向上など望むべくもあるまい。

その点、同じ武士でも平治の乱を見事に収め、武家社会の頂点に立った平《たいらの》清盛《きよもり》とその一族は違った。手柄を立てた好機に乗じた平家が抜かりなく宮中に取り入り、権勢を欲しいままにしたのとは対照的に、摂津源氏は黙々と、日の当たらない存在に甘んじ続けたのである。

源氏の化物退治

かくも地味な存在の摂津源氏なのだが、その長である頼政は働き盛りの 40 代、武人として大手柄を立てたことがあった。

有名な鵺《ぬえ》退治のエピソードである。

内裏に夜な夜な現れ、不気味な鳴き声を上げて帝をおびやかす化物がいた。正体はわからず、ついに帝が寝込んでしまわれた。内裏の警護役として頼政は一念発起し、化物退治に乗り出す。頼政が自慢の弓で射止めた怪物の正体とは、実は単なる渡り鳥（トラツグミ）だったのだが、頼政の勇敢な行動が宮中に安寧をもたらしたのは紛れもない事実であろう。ちなみに頼政の大手柄を伝える『源平盛衰記《げんぺいせいすいき》』に曰く、射落とされた鵺にとどめを刺した郎党《ろうとう》の猪早太《いのはやた》（早太郎）は、粟田口国吉《あわたぐちくによし》作の短刀「骨食国吉《はねばみくによし》」を用いたという。足利尊氏《あしかがたかうじ》愛用の薙刀《なぎなた》の異名と同じだが、切れ味の優れた刀剣に骨食（喰）と名付けることは古来よりの習慣だったとされている。

かくして、頼政は獅子王の太刀を帝より下賜《かし》された。参内が許されぬ身ゆえ、直にではなく、勅使の太政大臣《だじょうだいじん》・藤原基実《ふじわらのもとざね》の手から授けられた（『源平盛衰記』）のだが、当時の頼政にとっては望み得る限りの、破格の名誉だったに違いあるまい。

ところが、大内守護として浴した名誉も平氏の強大な権力の前には余りにも無力だった。鵺退治の英雄でありながら、頼政が63歳まで昇殿を許されなかったという事実がすべてを物語っている。頼政は歌人としての才も豊かだったが、出世の糸口とはなり得なかったのである。平家と敵対した高倉《たかくら》天皇を奉じ、頼政が老骨に鞭打って挙兵に踏み切ったのは、必然の結果だったのかもしれない。平家を打倒しさえすれば源氏に光が当たると信じて兵を挙げはしたものの、奮戦も空しく宇治川《うじがわ》の戦闘で大敗した頼政は、落ち延びた先の平等院《びょうどういん》にて自刃する。享年76。

能で描かれた鵺

現実には非運の最期を遂げた頼政だが、その武勇伝は古典芸能の世界において、今も語り継がれている。

能に登場する頼政といえば、武士の亡魂《ぼうこん》が主人公（シテ）を勤める二番目物（修羅物《しゅらもの》）の世阿弥《ぜあみ》作『頼政』が、つとに名高い。源平争乱の物語においては悲劇の人物として描かれる頼政だが、異形の怪物たちが主人公の五番目物（切《きり》能《のう》）の『鵺』では加害者とされている。

鵺退治で英雄となった頼政は、勝ち目のない戦を起こして無惨な死を遂げた。死後も現世との境を彷徨《さまよ》う鵺は、その死を見届けていた。宮中を騒がせる存在だった鵺も、能では人々の愚かな行いを静かに見届ける語り部《べ》として活躍する。ちなみに『鵺』に登場するのは怪鳥ではなく、頭が猿《さる》で体は狸《たぬき》、尾は蛇《へび》、手足は虎《とら》という解釈に拠《よ》る怪獣である。

『玉藻前』の獅子王の剣

大坂の宮地《みやじ》芝居（官許以外の舞台）を基に歌舞伎化され、文化《ぶんか》8年（1811）7月に江戸市村《いちむら》座で初演された『玉藻前《たまものまえ》』には、獅子王の太刀（作中では獅子王の剣）が独立した存在として登場する。

舞台は先に没した右大臣《うだいじん》・道春《みちはる》の館。家宝である獅子王の剣がなくなったために道春の忘れ形見の姉妹が困っていると、薄雲皇子《うすぐものおうじ》が所望する剣を受け取るべく、宮中より使者の鷲塚金藤次《わしづかきんとうじ》が現れる。皇子から姉妹のいずれかを宮中に参内させるように命じられ、剣と一緒に連れ帰らんとする金藤次に対し、姉妹がどのように難局を切り抜けるかが見せ場だ。

この『玉藻前』における獅子王の剣は、薄幸の姉妹に魔手が迫り来る、緊迫した状況を生み出す小道具として重要な役割を果たす反面、武具として行使されることはない。鵺退治の英雄に下賜《かし》された宝剣と同じ名称の一振りにしては扱いが悪い、という見方もできるが、計り知れない価値を持つからこそ事件の発端ともなり得るわけで、一概に軽んじられているとは言えない。

第二章 中世・戦国

古備前友成《こびぜんともなり》

所持者

能登守教経《のとのかみのりつね》

DATA

軍　記　物：『平家物語』『源平盛衰記』

栄華を極めた武士団

武士の身で最初に天下の実権を握ったのは、歴代幕府の征夷大将軍《せいいたいしょうぐん》でなければ、織田信長を代表格とする戦国乱世の武将でもない。平清盛《たいらのきよもり》を長《おさ》とする平家《へいけ》こそが、実質上のパイオニアなのである。

坂上田村麻呂《さかのうえのたむらまろ》を始めとする歴代の征夷大将軍も、一見すると武士のようでありながら実は武士ではない。皆、たとえ位は低くても武官として宮中に出仕する立場、貴族の一人と位置付けられていた。

然るに源氏《げんじ》と平家は貴族に雇われた戦闘要員、平たく言えば傭兵である。

その傭兵の境遇から武勇と才覚で成り上がったのが平清盛であり、長年の精勤も空しく平家に敗れたのが源頼政《みなもとのよりまさ》だったということになるわけだが、清盛の真骨頂は個人としてのキャリアアップだけに飽き足らず、子々孫々に至るまでの平家の栄華を実現させんとした点に見出される。

娘の徳子《とくこ》（後の建礼門院《けんれいもんいん》）が入内《じゅだい》して高倉《たかくら》天皇の御子を産むや否や、清盛は次代の帝の座に据えるべく力を尽くした。この御子が、後の安徳《あんとく》天皇である。

かつては貴族から軽んじられ、使役されていた傭兵の孫が、晴れて次期天皇となったのだ。平清盛こそ、まさしく最初に天下の実権を握った武士と言えるだろう。

早すぎた落日

しかし、その栄華も長くは続かなかった。

治承《じしょう》４年（1180）を迎えて安徳天皇の即位を実現させた清盛は、同年４月に反対派の以仁王《もちひとおう》が源頼政を頼って挙兵したのをすかさず鎮圧するが、以仁王の死後も彼の出した令旨《りょうじ》の効果が生き続けていたことには迂闊《うかつ》にも気付かなかった。

この令旨が諸国に流布した結果、清盛の専横支配を快く思わない各地の豪族や在地領主が、相次いで立ち上がった。この動きに乗じて同年８月に兵を挙げたのが、流刑先の伊豆《いず》に雌伏して着々と力を蓄えていた、源頼朝《よりとも》である。いかに衰えたりとはいえ、源氏は平家に比肩し得る武家の棟梁《とうりょう》の一族だ。諸国で反乱が起きつつある今こそ兵を挙げ、各地の豪族をまとめあげれば必ずや、名実共に武家の棟梁となることができる……。

頼朝は緒戦の石橋山《いしばしやま》の戦いにおいてこそ敗北を喫したものの、源氏代々に仕えた関東の豪族たちに助けられ、10月に鎌倉入りを果たす。前後して従兄弟同士でありながら対立する木曽義仲《きそよしなか》も信濃《しなの》（長野県）で挙兵しているが、頼朝は抜かりなく、武家の棟梁になるための必須条件である源氏の嫡流の立場を固めることを怠らなかった。

失われた宝剣

野に生きた坂東《ばんどう》武者のイメージを持つ源氏に対し、京の都を拠点にした平家は貴族調の暮らしに長らく耽溺《たんでき》したがために、本来の戦闘要員としては弱体化していたと言われる。

確かに、勢いに乗ってきた頼朝、そして義仲の進撃に対して平家が後手に廻った観は否めない。

水鳥の羽音を頼朝勢の敵襲と間違え、戦わずに逃げ出したという富士川《ふじがわ》の戦いは頼朝が鎌倉入りした治承４年（1180）10月のことだが、このような笑うに笑えない失態も、棟梁の清盛が存命している間はまだ挽回の余地があった。

しかし、明くる養和《ようわ》元年（1181）閏《うるう》２月に清盛が熱病で没してからはとみに旗色が悪くなり、２年後に義仲が上洛を果たすに至っては、完全に平家の勢力は失墜していた。

予兆がなかったわけではない。清盛は亡くなる前年、安徳天皇とその父の高倉上皇を奉じて摂津《せっつ》の福原《ふくはら》への遷都を断行している。しかし、平家の指導力は高まるどころか貴族たちの反発を買い、福原京は半年と保たず、造営も中断を余儀なくされた。

娘を入内させ、孫を天皇に即位させたところまでが一代の英雄・平清盛の限界だったのかもしれない。

かくして、ついに都落ちを余儀なくされた平家だが、転んでもただでは起きなかった。幼い安徳天皇を奉じての都落ちという大義名分の下、三種の神器《じんぎ》を持ち出したのである。

鏡・玉・剣の三種の神器のひとつが、草薙《くさなぎ》の剣である。

皇位の象徴の宝剣は文治《ぶんじ》元年（1185）3月、平家一門の終焉の地となった壇《だん》の浦《うら》の海中に沈んだまま、未だに発見されていない。

豪気な刀剣奉納

さて、平家といえば繁栄の基を築いた大立て者であり、圧倒的な存在感を発揮した清盛ばかりがクローズアップされがちだが、彼を支えた一族の面々も負けず劣らず、個性的だった。

その一人が清盛の甥《おい》に当たる、能登守教経《のとのかみのりつね》だ。

剛力無双と謳われながら多勢に無勢、壇の浦において齢《よわい》26の若さで討ち死にした教経は、生前に厳島《いつくしま》神社へ古備前友成《こびぜんともなり》の太刀《たち》を一振り、寄進している。古備前友成は日本最古の三名匠の一人に数えられた、平安時代末期の当時としても著名な刀工であった。

当時の厳島神社は、平家を守護する社《やしろ》ともいうべき存在だった。教経が平家を代表する武者として、破格の名刀を豪気に用意したとしても不思議ではあるまい。2尺6寸3分の鎬造《しのぎづくり》、小鋒《こぎっさき》の刀身は保存状態が良く、茎《なかご》に「友成作」の三字銘《さんじめい》がある。現在は国宝指定を受けているこの太刀、生前の教経の愛刀だったとも伝えられている。

平教經像

阿弥陀寺障子所画

手水鉢《ちょうずばち》切《ぎ》りの名刀《めいとう》

所持者

梶原平三景時《かじわらへいぞうかげとき》

DATA

歌舞伎、文楽：『梶原平三誉石切』

武家の一大争乱が生んだ「源平合戦物」

古典芸能の一ジャンルに「源平合戦物」が存在する。

武家の棟梁《とうりょう》、さらには武家政権の頂点の座を懸けて、源氏《げんじ》と平家《へいけ》の間で繰り広げられた熾烈な闘争とその結末に材を得た諸作品は、時代を超えて観る者の心を引き付けて止まない。

享保《きょうほう》15年（1730）2月に大坂竹本《おおさかたけもと》座にて初演された浄瑠璃『梶原平三《かじわらへいぞう》誉石切《ほまれのいしきり》』は、そんな「源平合戦物」の一本だ。

現在、文楽では上演の機会は少ないが、同名の歌舞伎（享保15年8月初演）は人気作の一本として『石切梶原』の通称で親しまれている。

さて、この題名はどういう意味なのだろうか。

試し切りがクライマックス

原典の全5段のうち、現在上演されるのは文楽が三段目「青貝師六郎太夫《あおがいしろくろうだゆう》住家《すみか》」と「星合寺《ほしあいでら》」の場面、歌舞伎が「星合寺（鎌倉八幡社頭《しゃとう》）」のみとなっている。

屈指の見せ場は、主人公の梶原平三景時《かじわらへいぞうかげとき》が六郎太夫《ろくろうだゆう》より託された家宝の名刀を振るい、石の手水鉢を一刀両断にする名場面だ。

この名刀は、物語の中でいかなる役割を果たしているのか。平三の試し切りは、果たしてなんのために行われたのか。

物語の全編が、源氏に加勢した鎌倉武士たちの揺るぎない意地と誇りに貫かれている点を踏まえながら『梶原平三誉石切』の筋立てをご紹介していこう。

伊豆挙兵の裏で

青貝師（螺鈿《らでん》塗り職人）の六郎太夫は、源《みなもとの》　頼朝《よりとも》の挙兵に加勢した伊豆《いず》の豪族・三浦大助《みうらだいすけ》（義明《よしあき》）の隠し子で、実の長男だった。

石橋山《いしばしやま》の合戦では惨敗を喫したものの、まだ頼朝は再起の志を失ってはいなかった。

しかし、兵を挙げるには金が要る。

源氏への誠意を示すため、六郎太夫は父よりわが子のあかしとして授けられた、家宝の名刀を売り払おうと決意する。買い主は平家に与《くみ》する大名の大庭《おおば》三郎景親《さぶろうかげちか》だった。つまりは敵方から挙兵の資金をせしめようという目論見だったのだが、相手もお人好しではない。鎌倉の星合寺（歌舞伎の場合は一般に鎌倉八幡宮社頭）に刀を持参させ、その場で目利《めき》きをした上で買い取るか否かを決めようと三郎は提案。同じ平家方の梶原平三に目利き役を依頼する旨を取り決める。

梶原
平景時木像
同國馬込萬福寺安置

土壇場の六郎太夫

星合寺に赴いた平三は隙のない目利きを行い、刀身に「八幡《はちまん》」の文字があることから、源氏にゆかりの名刀に間違いないと太鼓判を押す（八幡神は源氏の氏神)。ならば買い取りを、と話がまとまりかけたところに割り込んできたのが、同行した大庭三郎の弟・俣野五郎《またのごろう》だった。切れ味の鋭い利刀《りとう》との言い伝えを証明するため、二《ふた》つ胴《どう》での試し切りをこの場でやってほしいと五郎は難癖をつけてくる。

当時の試し切りは生き胴、すなわち死罪の者を生きたまま斬るという形で行われた。二つ胴とは文字どおり、2人を重ねて斬ることを意味している。ところが、手配できる罪人は一人しかいない。そこで六郎太夫は自分を加えて試すようにと申し出る。

渾身の一撃が示した名刀のあかし

しかし、生き胴での試し切りは不首尾に終わった。

平三が振るった刃は上に重ねた罪人のみを斬り、下の六郎太夫にまでは届かなかったのである。

とんだ鈍刀だと呆れた三郎・五郎の兄弟が去った後、平三は石の手水鉢《ちょうずばち》の前に立つ。

再び振るわれた名刀は、手水鉢を一刀両断に斬り割った。

平家に与してはいても、平三の本心は源氏の味方だったのである。石橋山の合戦で敗走した頼朝を助けたのも、実は平三であった。

名刀は自分が買い取ると告げ、命拾いした六郎太夫と娘の梢《こずえ》を自分の屋敷へと連れ帰る平三。

捲土重来を期した頼朝の再起は、もうすぐだった。

院宣《いんせん》の太刀《たち》

所持者

木曾義仲《きそよしなか》

DATA

軍　記　物：『平家物語』『源平盛衰記』

山育ちの猛将

多士済々の源平争乱の中で、木曾義仲《きそよしなか》は独特の魅力を発揮して止まない人物だ。木曾姓は通称で、本名は 源《みなもとの》 義仲。河内源氏《かわちげんじ》の嫡流を受け継ぐ為義《ためよし》の孫で、頼朝《よりとも》・義経《よしつね》とは従兄弟同士に当たる。

同じ河内源氏でありながら、義仲が頼朝たちに対して割を食っている観が否めないのは、源氏武士団の本拠地である関東を遠く離れ、信濃《しなの》（長野県）の山岳地帯で育てられたことと無関係ではないだろう。久寿《きゅうじゅ》元年（1154）に生まれた義仲は、父の義賢《よしかた》を一族の内紛で殺されている。赤ん坊の義仲は乳母《うば》の夫である中原兼遠《なかはらかねとお》が所領を構える信濃へ落ち延び、成長した。後に義仲の妻となる巴御前《ともえごぜん》は、この兼遠夫婦の娘である。

伊豆《いず》の地へ流刑に処された頼朝、そして鞍馬寺《くらまでら》に幽閉された義経と、共に辛《しん》酸《さん》を舐めた従兄弟の２人に比べれば、義仲は遥かに恵まれた環境の下で成長できたと言っていい。裏を返せば、自由奔放に育ちすぎたがために上洛後は京の人々の反感を買い、一時は平家《へいけ》追討の最右翼に位置しながらその地位を維持できず自滅した、という否定的な見方をされてしまいがちなのだが、青年時代の織田信長にもどこか相通じる、奔放な野生児といった人物像が義仲の最大の魅力なのも、事実ではないだろうか。

源氏の蜂起

保元《ほうげん》３年（1158）に後白河《ごしらかわ》上皇が院政を開始したのを機に、朝廷内では近臣間の対立が激化した。

平治《へいじ》元年（1159）に勃発した平治の乱は、源義朝《よしとも》と平清盛《たいらのきよもり》の間での抗争ではなく、彼らを棟梁《とうりょう》とする二大武士団をそれぞれ頼みとする、貴族同士の争いと見なすべきだろう。しかし、この事件は結果として清盛の力を絶対化するきっかけとなり、貴族と武士の実質上の逆転劇を促した。娘の徳子《とくこ》（後の建《けん》礼門院《れいもんいん》）を高倉《たかくら》天皇の妃とした清盛は、生まれた孫を皇位に就けて、朝廷の実権までも掌握するに至ったのである。

そこで治承《じしょう》4年（1180）4月に摂津《せっつ》源氏の源頼政《よりまさ》と園城寺《おんじょうじ》（三井寺《みいでら》）、興《こう》福寺《ふくじ》など反平家派の大寺社の僧兵の力を頼みに立ち上がったのが、打倒平家を狙った後白河法皇の第2皇子・以仁王《もちひとおう》だ。

だが、僧兵の動きを監視していた清盛に抜かりはなかった。先制攻撃に耐えられず敗走した頼政は切腹し、続いて以仁王も奈良へ逃れる途中に山城国《やましろのくに》（京都府南東部）の光明山《こうみょうざん》の鳥居《とりい》前で討ち死にして果てた。ところが、挙兵に際して以仁王が全国各地の反平家派に発した令旨《りょうじ》の効力は、まだ生きていた。

義仲立つ

義仲が以仁王の令旨を受けたのは、同じ治承4年の9月。祖先を同じくする一族の頼政の死から、実に半年近くが過ぎていた。

このとき、すでに関東では従兄弟の頼朝が妻・政子《まさこ》の父である北条時政《ほうじょうときまさ》らを後ろ盾に兵を挙げていた。1カ月後、義仲も後に続いて立ち上がったわけであるが、義仲と頼朝の間には同盟はむろんのこと、同じ源氏一門としての信頼関係すらなかった。というのも義仲の父を殺し、幼い義仲を信濃へ追い払ったのは頼朝の兄・義平《よしひら》だからである。

義平本人は、すでに平治の乱で父の義朝ともども敗死している。だが、当事者が没したからといって容易に恨みが消えるものではない。義仲の挙兵は決して従兄弟を助けるためのものではなかったのだ。

しかし、平家という共通の敵を前にしながら、一族同士での全面対決は避けたい。義仲は寿永《じゅえい》2年（1183）3月、長男の義高《よしたか》を鎌倉へ送っている。人質として頼朝に預けたのだ。時に義高は11歳であった。

知略と奇策と

信濃で挙兵した義仲は慌てず、抜かりなく行動を開始した。

平家に味方する豪族の勢力圏を回避しつつ信濃より軍を進め、反平家派の多い北陸道《ほくりくどう》に出て、実に3年越しで勢力の拡大に努めたのである。

義仲の野生児めいたイメージから鑑みれば、京へいきなり攻め上ったとしてもおかしくはないだろう。しかし、未だ衰えを知らない平家の軍勢をまともに相手取っては、いかに強者といえども自殺行為に等しい。そこで外堀から勢力を削ぎ、平家の天下を揺るがさんと試みたのだ。敵の棟梁である清盛は義仲らの挙兵の翌年、治承4年（1180）に原因不明の熱病のために亡くなっている。それでも気を緩めることなく、義仲は京を遠くから窺うにとどまったのである。

寿永2年（1183）に至り、ついに平家は追討の軍勢を北陸へ差し向けた。対する義仲は同年5月、加賀《かが》と越中《えっちゅう》の国境《くにざかい》（石川と新潟の境）に位置する倶《く》利伽修峠《りからとうげ》において迎撃し、角に松明《たいまつ》をくくりつけた牛の大群を放つという、有名な火牛《かぎゅう》作戦で平家勢を敗走させた。もはや行く手を遮る者はいない。義仲が満を持して上洛し、平家一門を都落ちさせたのはそれからわずか2カ月後、寿永2年7月のことだった。

野に生きた英雄の死

かくして、義仲は源氏一門で初めて京に上るという栄誉に浴した。このときに義仲は平家追討の院宣《いんせん》の証として、後白河法皇より一振りの太刀《たち》を授けられている。詳細は定かでないが、まさしく名誉の一振りというべきものであったに違いない。

粗暴なイメージを伴う義仲だが、弓のみならず太刀の術にも優れており、数々の戦略を駆使して外堀から平家を追い込んでいった作戦の見事さからは、力だけが頼りの野生児というよりも、むしろ智将という印象さえ与えられる。後白河法皇より授かった太刀にしても、無益に振るうことは無かったと見なしていいだろう。何と言ってもこの一振りは、信濃の山奥から勇躍出陣し、快進撃を続けてきた義仲にとっては己の功名を称える、至高の名誉のあかしだったに違いないからだ。

しかし、義仲の栄光も長くは続かなかった。朝廷のお歴々も、そして同族の源氏一門も、義仲が信頼を預けるには値しない人々だったのだ。

源氏の正統を受け継いだ頼朝こそが平家追討の第一の功労者である、と定めた朝廷の裁定に加えて、洛中《らくちゅう》で浮かれて羽目を外しすぎた配下の武士団の振舞いは、貴族たちの心証を著しく害してしまう。そして機を見計らったかの如く、頼朝は弟の範頼《のりより》と義経に軍勢を率いて上洛させた。法皇の許より遠ざけられた義仲が近江《おうみ》の粟津《あわづ》（滋賀県大津市南部）にて討たれたのは寿永 3 年（1184）1 月、上洛からわずか半年後のことだった。鎌倉に預けられた義高は同年 4 月 26 日、人質の宿命として幼い命を絶たれている。野に生きた英雄とその愛児が迎えた、早すぎる死であった。

木曽義仲印

壽永元年寅二月二日 徽文所印

今剣《いまのつるぎ》・薄緑《うすみどり》

所持者

九郎判官義経《くろうはんがんよしつね》

DATA

軍記物	『義経記』
能	『烏帽子折』
歌舞伎・文楽	『鬼一法眼三略巻』

平家追討の英雄

源平争乱における最大の英雄といえば、やはり九郎判官義経《くろうはんがんよしつね》を置いては他にいない。いわゆる「判官びいき」の語源となった、自ずと悲劇の人物に肩入れをしたくなる日本人の感性の源ともいえる、義経の華麗なる生涯をまずは振り返ってみよう。

義経の父・源義朝《よしとも》は平治《へいじ》元年（1159）の挙兵に失敗し、敗走半ばで平清盛《たいらのきよもり》の刺客に討たれて非運の最期を遂げた。清盛の追及の手は遺児たちにまで及び、嫡子は三男の頼朝《よりとも》が許されたのみで、一族は根絶やし同然にされてしまった。

義経が生母の常盤《ときわ》御前ともども助命されたのは、幼な児であるのと同時に妾腹の子、すなわち庶子《しょし》だったことも無関係ではないだろう。

異母兄の頼朝が遠い伊豆《いず》の地へ流された後、牛若《うしわか》（牛若丸、九郎とも）は寺預かりの身で成長した。そこから余りにも有名な五条大橋《ごじょうおおはし》での武蔵坊弁慶《むさしぼうべんけい》との決闘のエピソードへと至るわけだが、一連の牛若丸伝説はあくまでも伝説の域を出るものではない。

義経の存在と行動が真実味を帯びてくるのは、治承《じしょう》4年（1180）を迎えてからのことである。

挙兵した頼朝は同年10月の富士川《ふじがわ》の戦いで平家《へいけ》に一矢報いた後、鎌倉に在って東国の武士団を平定しなくてはならない自分に代わり、奥州平泉《おうしゅうひらいずみ》にいた義経に平家追討戦の指揮を命じている。

それからの華々しい活躍ぶりと悲劇は、源平の争乱を題材とする古今のフィクションでお馴染みの通りである。華麗な美剣士というキャラクターは今に始まったことではなく、能の四番目物『烏帽子折《えぼしおり》』では盗賊の一団をただ一人で退治する、牛若丸の大活躍が描かれている。

それでは、魅力多き一代の英雄・九郎判官義経にまつわる名刀をご紹介していこう。

大太刀だった今剣

一代の英雄・源義経と生涯を共にした一振りとして、まずは「今剣《いまのつるぎ》」を挙げなくてはならない。

平家を討ち果たした英雄として京へ凱旋したのも束の間、兄と敵対する立場となって奥州へ落ち延び、悲劇の最期を遂げるに至った義経は守り刀で己の命を絶っている。

そのときに用いられたのが、今剣という短刀である。

元をただせば、この今剣、6尺5寸（約195センチ）もの大太刀《おおだち》だった。

まだ義経が牛若丸だったころ、鞍馬山《くらまやま》へ参詣に訪れた三条宗近《さんじょうむねちか》が祈願のあかしに残していった、と伝えられるものである。今剣という命名は、この大太刀を預かった鞍馬山の別当《べっとう》（寺社の法務を管轄する僧）によるものだという。

平安時代の当時、三条宗近といえば京の都で知らぬ者のいない名工中の名工であった。

その宗近が鍛えた一振りとなれば、価値は計り知れない。

長大な刀身に仕立てられたのは、あくまでも仏への奉納刀であることを意識しての結果であり、実用に供される可能性を作刀者である宗近が想定していたとは考え難い。

もちろん、兵法《ひょうほう》に熟達した者ならば扱うのも不可能ではない。6尺5寸と聞くと一瞬驚くが、柄《つか》まで含めた全長と解釈すれば、大太刀としては決して有り得ない仕様ではない。まして馬で合戦場に携行する武具となれば尚のこと、長いからといって不自然とは言えない。

いかなる理由から今剣が牛若丸改め義経の所有するところとなったかは定かでないが、合戦場においてか、不慮の事故ゆえか、あるいは意図して折った刀身を短刀に仕立て直して、守り刀としていたのであろう。

義経の守り刀は最後の最後に至り、その名誉を守るための一振りとしての役目を見事に全うしたのであった。

第二の名刀・薄緑

義経にゆかりの名刀としてはもう一振り「薄緑《うすみどり》」が挙げられる。

五条大橋で弁慶を迎え撃ち、ものの見事に打ち負かして主従の仲となるに至ったエピソードを彩る薄緑は、源氏《げんじ》に代々伝わる、すなわち重代の宝刀とされた太刀と同じ名前である。

同じ名前、という穿った言い方をせざるを得ない理由は、義経（当時は牛若）の愛用した太刀が、蜘蛛切《くもぎり》、膝切《ひざきり》、そして薄緑とさまざまな異名を冠《かん》する、源氏重代の宝刀と同じものとは言い難いからなのだ。義経伝説は平家追討の幕が切って落とされてから真実味を帯びてくる反面、それ以前の出来事については伝承の域を出ていないのである。

とはいえ、999振りもの名刀を集め、相応の目利きとなっていたはずの武蔵坊弁慶をして

「持ち給《たま》へる太刀の真実《まこと》欲しく候に、それ賜《たま》び候へ」（『義経記《ぎけいき》』）

と言わしめたほどの出来で、続く義経の台詞として

「是は（源氏）重代の太刀にて（渡すこと）叶《かな》ふまじ」

とある以上、本物と認めたくなるのがやはり人情であろう。

短い生を駆け抜けた一代の英雄だからこそ、義経には源氏最高の宝刀がふさわしい。

源義経像

岩《いわ》融《とおし》

所持者

武蔵坊弁慶《むさしぼうべんけい》

DATA

軍記物	『吾妻鏡』『平家物語』『源平盛衰記』『義経記』
能・歌舞伎舞踊	『橋弁慶』
歌舞伎・文楽	『鬼一法眼三略巻』（五段目『五条橋』）

わが国の古典芸能に登場する巨漢の中でも、武蔵坊弁慶《むさしぼうべんけい》は際立って有名な一人である。

源《みなもとの》 義経《よしつね》には武蔵坊なる郎従《ろうじゅう》（従者）がいた。義経が自害して果てた文治《ぶんじ》5年（1189）の衣川《ころもがわ》の合戦において、主人に殉じたと伝承されているため、実在の人物と見なされる。この武蔵坊が『源平盛衰記《げんぺいせいすいき》』『義経記《ぎけいき》』の中で義経の無二の忠臣として注目され、弁慶の呼称も用いられるに至ったのだ。

義経を主人公とする諸作品において、弁慶は欠くべからざる登場人物と位置付けられる。かの剣豪・宮本武蔵《みやもとむさし》の名前の基になった、ともいわれるほどの強者となれば当然のことだろう。

まさしく天下無双と称するにふさわしい巨漢、武蔵坊弁慶とは果たしてどのような人物だったのか。

異形の子

弁慶の人物像が詳細に語られる『義経記』によると、父は紀伊《きい》・熊野山《くまのやま》の別《べっ》当《とう》で、母は二位大納言《にいだいなごん》の姫君だった。

父の「弁せう」に強奪された姫君は懐妊するが、どうしたことか子供が生まれてくるまでに18カ月もの時を要した。かくして誕生した赤ん坊は2～3歳児並みの大きさで、髪も歯も生え揃っており、この世のものとも思えない異形を成していた。これを見た弁せうは

「さては鬼神ござんなれ」

と思い込み、災いを呼ぶ赤ん坊を殺してしまおうと思い立つが姫君の哀願で

助命し、京に住む妹に預けた。このときに、「鬼若《おにわか》」と名付けられている。

鬼若は5歳になる頃には12、13歳かと見紛うほどに成長した。しかし6歳で疱瘡《ほうそう》を病み、色が黒くなったまま戻らなかったのみならず、その髪は生まれたとき以上には伸びてこなかった。髷《まげ》を結《ゆ》えないのでは元服《げんぷく》もできない。そこで比叡山《ひえいざん》の僧「くわん慶《けい》」に預けられ、出家することを課せられた。

幼くして故郷と生母から遠く引き離されたあげく、厄介者として寺預けにされるという理不尽な扱いを受けては、反抗したくなるのも無理はない。暴力沙汰を繰り返した少年はついに山から追われることになった。このときに自ら髪を剃り捨てて、弁慶と名乗る。父「弁せう」と師「くわん慶」から一文字ずつ頂いての名乗りであった。

悲願！　千本太刀

自剃で僧形となった弁慶は諸国を巡って僧の修行を続けたが、乱暴者の性癖は変わらず、播磨《はりま》から追われて再び京へ出た。ここで思い立ったのが有名な、1000本の太刀《たち》を奪う悲願である。この太刀奪いこそが、武蔵坊弁慶のエピソードで最も世に知られたものと断言して良いだろう。

太刀奪いとは、相手が大人《おとな》しく要求を呑んで腰の物を置いていけば血を見ずにすむが、さもなくば傷付けるか殺すことになる。弁慶の起こした行動は1000の真剣勝負を意味するものでもあった。1000本の太刀が集まったとき、彼は名実共に無双の強者となるはずだったのだ。

その前に立ちはだかったのが牛若丸《うしわかまる》、後の源義経である。

件の『義経記』では五条天神《ごじょうてんじん》で出会い、翌日の夜に清水《きよみず》観音の境内にて太刀を振るって戦ったことになっている。五条大橋が出会いと決闘の場面になったのは橋弁慶伝説といわれる民間伝承が基になっており、能の四番目物および歌舞伎舞踊の『橋弁慶《はしべんけい》』に、歌舞伎と文楽の双方で演じられる『鬼一法眼三《きいちほうげんさん》略巻《りゃくのまき》』の五段目『五条橋』と、古典芸能には五条大橋での決闘を最大の見せ場とする作品が数多い。それは2人の決闘が大きな意義とインパクトを備えているからに他ならないだろう。

弁慶にとっての牛若丸とは、悪《あ》しきことにばかり用いていた剛力の使途を善き方向へと導いてくれた無二の恩人であり、はじめて主人と仰ぐに値するだけの英雄だった。成長した牛若丸改め義経に付き従い、弁慶が源平争乱の渦中へと飛び込んでいったのも必然の結果なのである。

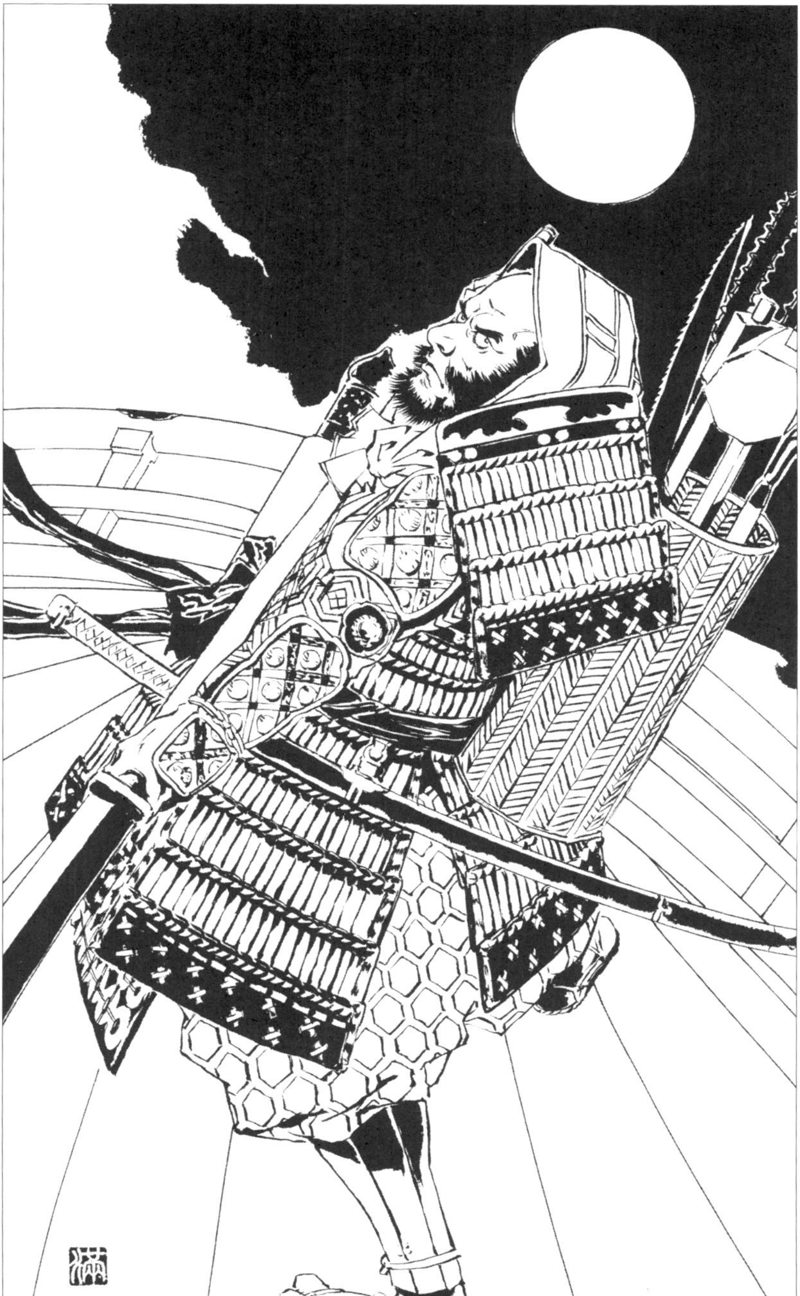

選び抜かれた名刀・岩融

その弁慶が愛用した薙刀《なぎなた》が、岩融《いわとおし》だ。

弁慶の武器といえば薙刀のイメージが強い。岩融は住吉《すみよし》合戦に携行したもので、刀身は3尺5寸（約105センチ）だったと伝えられる。

ちなみに、当時の薙刀の標準は2尺5寸～3尺（約75～90センチ）の刀身に対して、柄《つか》が4～5尺（約120～150センチ）。弁慶の岩融は刀身も柄も標準より長大な、豪壮な一振りだったのであろう。

作刀者は三条の小鍛冶《こかじ》、すなわち三条宗近《さんじょうむねちか》といわれるが、実態は定かでない。熊野に所縁を持つことから、弁慶は山伏との関わりが深いと見なされており、その山伏との繋がりから鍛冶集団との関係性も古来より指摘されている。小鍛冶とは、平安時代の山陰地方において刃物全般を作る鍛冶の総称であり、必ずしも三条宗近その人とは一致しないのだ。

それでも、信頼するに値する武具だったのは間違いあるまい。

弁慶が太刀狩りで999振りまでを手中に収めたのは、それだけ膨大な数の名刀をつぶさに観察し、玩味する機会を得たことを意味する。弁慶は1000本の太刀を奪う悲願を実行に移したことで、自ずと刀剣の出来不出来を見抜く目を肥やすに至っていたはずなのだ。その弁慶が愛用したとなれば駄作であろうはずがない。作刀者が有名であれ無名であれ、武蔵坊弁慶の愛刀だったという一点が、凡百の太刀に勝る価値の証明といえるだろう。

COLUMN

弁慶の七つ道具

弁慶と言われて、すぐに思い浮かぶビジュアルイメージといえば、僧《そう》形《ぎょう》で背中にさまざまな武具、いわゆる七つ道具を背負っている……といったところであろう。

弁慶の人物像が確立された『義経記《ぎけいき》』において、弁慶が所持する武具は大刀、刀、鉞《まさかり》、薙鎌《ないがま》、熊手《くまで》、撮棒《さいぼう》（堅い材質の木棒）である。微妙な数の違いは別として複数の武具を所持したわけだが、必ずしも七つ道具と限定されているわけではなく、歌舞伎『鬼一法眼三略巻《きいちほうげんさんりゃくのまき》』では熊手、薙鎌、鉄棒、木槌《きづち》、鋸《のこぎり》、薙刀《なぎなた》、刺股《さすまた》とされている。鍛冶集団の製作物、大工道具、盗人の道具、農耕具、山伏や陰陽師《おんみょうじ》の道具などなど、とさまざまな解釈が成り立つが、弁慶の七つ道具という概念そのものが確立されたのは、江戸時代を迎えてからのことである。

巴型《ともえがた》・静型《しずかがた》薙刀《なぎなた》

所持者

巴御前《ともえごぜん》・静御前《しずかごぜん》

DATA

軍記物	『平家物語』『源平盛衰記』『義経記』『吾妻鏡』
能	『巴』
幸若舞曲	『静』

女武者の能

能『巴《ともえ》』は、武者の霊が主人公（シテ）の二番目物（修羅物《しゅらもの》）で唯一、女性の役者がシテに扮する作品だ。

木曾《きそ》（岐阜県南西部）から都（京都）へ向かう旅の僧の前に巴《ともえ》の霊が現れ、木曾義仲《きそよしなか》の回向《えこう》（供養）を願うという物語のクライマックスで、緋威《ひおどし》の甲冑《かっちゅう》姿の巴は薙刀《なぎなた》を振るう。それは愛する義仲に潔く、自害を遂げさせるための時を稼ぐためであった。この場面の薙刀捌《さば》きは史実か否かはともかく、巴御前の合戦場での華麗な武者ぶりが印象付けられる演出効果となっている。

亡霊となりながら義仲の回向を願い続ける『巴』に対し、実在の巴御前はどのような生涯を送ったのだろうか。

追討の軍勢との戦いに敗れた義仲が自決した後、巴は形見の小袖《こそで》と守り刀を携えて信濃《しなの》へ逃れた。それから頼朝《よりとも》に捕えられて命を落としかけるが、源氏《げんじ》方の有力武将である和田義盛《わだよしもり》に助命され、その妻となって 91 歳の長寿を保ったと伝えられている。

なお、義盛に娶られたとき、巴は義仲の子を懐妊していた。生まれた子が剛力の英雄と名高い、朝比奈三郎義秀《あさひなさぶろうよしひで》である。

白拍子の舞

一方、義経《よしつね》の愛妾・静御前《しずかごぜん》を主人公とするのが幸若舞曲《こうわかぶきょく》『静《しずか》』である。出生が明らかにされていない静を公卿《くぎょう》の忘れ形見と設定した『静』をはじめ、謡曲『吉野静《よしのしずか》』に『二人静《ふたりしずか》』と、軍記物の『平家物語』『義経記《ぎけいき》』『吾妻鏡《あづまかがみ》』にも登場する。源平争乱に材を取ったフィクションには欠かせないヒロインであり、とりわけ歌舞伎『義経千本桜《よしつねせんぼんざくら》』は白眉とされている。

静御前といえば源平争乱の終結後、鎌倉は鶴岡八幡宮《つるがおかはちまんぐう》の社前で義経への変わらぬ恋心を歌い、怒った頼朝《よりとも》の命で処刑されかかるも同席の北条政子《ほうじょうまさこ》に助けられたというエピソードが余りにも有名である。たおやかな舞姫というだけでなく、意志の強さと死をも恐れない気丈さを感じさせる逸話といえるだろう。

静御前は生涯、悲劇と縁の切れない女性だった。しかし、常に控え目で悲劇性を帯びているのが似つかわしい人物像だからこそ、存在感が大きいのではないだろうか。女武者として自ら積極的に前へ前へと出ていく姿が良く似合う巴とは好対照をなす、源平争乱の名ヒロインである。

争乱の渦中に咲いた
徒花二輪

源平争乱の登場人物は、猛《たけ》き荒武者や権謀術数を弄《ろう》する貴族といった男たちだけではない。源氏と平家《へいけ》の興亡を題材とする一連の物語には、幾人もの魅力的な女性が顔を見せる。

そんな源平の女たちの中でも、際立って存在感が大きいのは、やはり巴御前と静御前の２人だろう。

剛力無双の女武者と優美な舞姫、対照的ながらもいずれ劣らぬ華やかなイメージを持つ彼女たちだが、実は日陰の身であった。

源氏方には頼朝の正妻の北条政子、平家方には清盛《きよもり》の娘で、安徳《あんとく》天皇の生母である徳子《とくこ》（建礼門院《けんれいもんいん》）と権力者の身内としての女性たちも出てくるが、巴御前は義仲の、静御前は義経の愛人であって正妻ではない。自由であると同時に確かな後ろ盾のない、不安定な立場だったという点で図らずも共通する２人なのである。

薙刀に冠せられた美名

巴御前と静御前、この２人の名前は古来より、薙刀の二大仕様の呼称に用いられている。

反《そ》りが大きく、剣尖《けんせん》に行けば行くほど身幅《みはば》が広くなるのが巴型。そして反りが少なく、身幅が均一なのが静型である。

源平争乱当時、薙刀は近接戦闘に有効な武具として、すでに普及しつつあった。しかし、巴と静の両御前が薙刀を愛用したという記録は存在していない。

荒事とは無縁の静御前はともかく、少なくとも巴御前の場合には愛用していたとしても不思議ではないのだが、巴型・静型という呼称は、実際に彼女たちが用いた薙刀がこれこれこういう形をしていた、という意味でつけられているわけではなさそうである。

巴御前の美しくも逞《たくま》しいイメージから生み出された刀身の薙刀に、まず「巴型」の名がつけられ、それとは対照的に優美一辺倒な薙刀を指して「静型」と呼ぶようになったのでは……と思われるのだが、いかがだろうか。

静型薙刀

巴型薙刀

菊水《きくすい》の宝剣《ほうけん》

所持者

大森彦七《おおもりひこしち》

DATA

軍記物	『太平記』
文楽	『蘭奢待新田系図』
歌舞伎舞踊	『大森彦七』

時代物の定番に「太平記物」がある。

鎌倉幕府の崩壊後、建武《けんむ》の新政を行った後醍醐《ごだいご》天皇への不満に端を発して新たな政権の確立を狙う武士たちが２人の天皇をそれぞれ奉じ、南朝《なんちょう》方と北《ほく》朝《ちょう》方に分かれて熾烈な闘争を繰り広げた、南北朝の動乱。かつての源平争乱以上にスケールの大きい戦いの諸相を伝える軍記物『太平記《たいへいき》』は後世に至り、格好のフィクションの素材となった。

足利尊《たか》（高）氏《うじ》、新田義貞《にったよしさだ》、楠正成《くすのきまさしげ》、さらには後醍醐天皇と名だたる英雄たちが登場する『太平記』。共に倒幕を果たした同志から一転して敵対するに至り、それぞれの理想へ突き進む尊氏と義貞。倒幕のために立ち上がったときと変わらぬ誠を尽くし、一族郎党《ろうとう》を挙げて後醍醐帝をお助けするべく奮戦する河内男の気概に満ちた好漢・正成と、個性豊かな面々の活躍は時代を超えて、人々の胸を打つ。分国の支配と天下統一の野望とが錯綜する戦国乱世とはひと味違った、ピュアな武士の生きざまと死にざまとが『太平記』ではダイナミックに語られている。

その一節に、大森彦七《おおもりひこしち》という人物が出てくるのをご存じだろうか。

知られざる『太平記』の英雄

大森彦七盛長《もりなが》（生没年不詳）は伊予国《いよのくに》出身の武士で、足利尊氏の北朝方に与して、建武３年（1336）５月25日の湊川《みなとがわ》の合戦に参戦。南朝の要だった楠正成の軍を打ち破り、敵将の正成を自決へと追い込んだ。

これほどの戦功を立てていながら、なぜか『太平記』には彦七に関する記述が少ない。

その人となりについては、巻23「大森彦七が事」に曰く

「其心飽くまで不敵にして、力尋常の人に勝れたり。誠に血気の勇者と謂《いい》つべし」と触れられているのみである。

確かに、大胆不敵で常人離れした力の持ち主、というだけならば南北朝の大動乱の時代には、他に幾らでもいたに違いない。しかし、彦七にはフィクションの主役たり得るだけの貴重なエピソードが存在した。

湊川合戦の後日談ともいうべき逸話は、以下の通りである。

難敵の正成を滅ぼすという大きな手柄を立てた彦七の前に、一人の鬼女が現れた。正成とその一族郎党の恨みを背負い、愛用の刀を奪い取ろうとする鬼女の祟《たた》りを被った彦七は錯乱に陥るが、大般若経《だいはんにゃきょう》の功徳によって正気を取り戻し、無事に救われた。

この逸話を基に作られたのが、文楽の『蘭奢待新田系図《らんじゃたいにったけいず》』と歌舞伎舞踊『大森彦七《おおもりひこしち》』である。

古典芸能の彦七像

近松半二《ちかまつはんじ》・竹田平七《たけだへいしち》・竹本三郎兵衛《たけもとさぶろべえ》合作の時代物浄瑠璃『蘭奢待新田系図』は、江戸時代中期の明和《めいわ》2年(1765)2月に初演された。一方の歌舞伎舞踊『大森彦七』は明治に活躍した劇作家で、かの新選組《しんせんぐみ》の母体となった天然理心流《てんねんりしんりゅう》の試衛館《しえいかん》道場を訪問取材したことでも知られる、福地源一郎《ふくちげんいちろう》(桜痴《おうち》)の作である。

この『大森彦七』の設定は、湊川合戦からちょうど1年後の5月。正成を攻め殺した仇《かたき》であり、愛刀の菊水《きくすい》の宝剣を奪った張本人として彦七を襲う鬼女の正体は、亡き正成の愛娘である千早姫《ちはやひめ》とされている。姫にとって、宝剣の奪回は父の名誉を回復するための行為でもあるのだ。

注目すべきは、彦七が正成に詰め腹を切らせたわけではなく、ただ自害を見届けた立場であることが彦七本人の説明を通じて明確にされ、宝剣にしても奪い取ったというのは千早姫の誤解で、実は正成から直に託されたものだったとされている点だろう。非礼を詫びる姫に対して、彦七は女の身で鬼面を被って父の仇を討とうとした心情を思いやり、佩《は》いていた菊水の宝剣を返したのみならず、姫の大義名分を果たすべく、人目を憚《はばか》るために自ら狂気まで装う。仇を討つ側と討たれる側の交流が描かれた、まさに近代ならではの内容といえる。

彦七に9世市川団十郎《いちかわだんじゅうろう》、千早姫に市川女寅《めとら》（後の6世門之助《もんのすけ》）を配して明治30年（1897）10月、東京明治座にて初演された本作品は好評を博し、新歌舞伎十八番にも取り上げられている。

本作品で重要な役割を果たす彦七の刀について、残念ながら史実の詳細は伝えられていない。しかし、正成の最期を伝える小道具として、この上なく有効に用いられる『大森彦七』の菊水の宝剣は、立場の違いを超えた仇同士の和解を象徴する、無二の名刀といえるだろう。

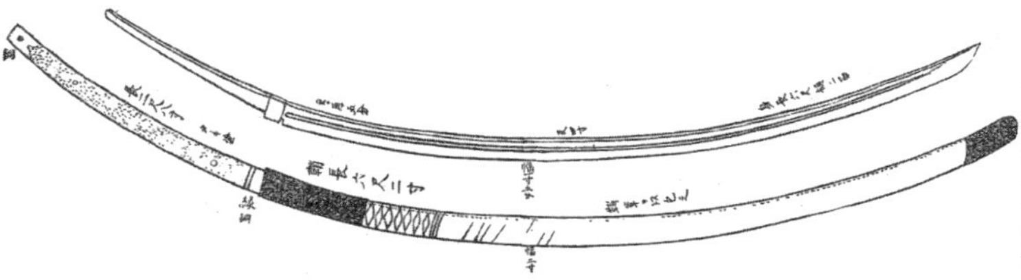

伊豫國三島社藏大森彦七所納太刀圖

COLUMN

受け継がれた名刀群

南北朝の英雄たちの愛刀をまとめてご紹介しよう。

足利尊氏《あしかがたかうじ》といえば、薙刀《なぎなた》「骨喰《ほねばみ》」である。

後に豊臣秀吉の秘蔵の逸品となった、藤四郎吉光《とうしろうよしみつ》作と伝えられる逸品であり、その異名の由来は斬る真似をされただけでも骨に染みるような思いを覚えさせられるためという。大坂城落城後に、徳川方の探索で濠《ほり》の中から無傷で発見されたことでも知られる。

他にも足利家重宝《じゅうほう》となった「二《ふた》つ銘則宗《めいのりむね》の太刀《たち》」など、足利幕府の歴代将軍が受け継いだ名刀は数多い。戦国乱世には織田信長、さらには豊臣秀吉と歴代の天下人の所有するところとなり、すべてが徳川家康の手中に帰した江戸時代を経て、現代に至っている。

尊氏の好敵手だった新田義貞《にったよしさだ》は源氏《げんじ》重代の太刀である「鬼丸国綱《おにまるくにつな》」と「鬼切《おにきり》」、楠正成《くすのきまさしげ》は独特の竜の彫物があることから異名がついた「小《こ》竜景光《りゅうかげみつ》」をそれぞれに佩用していた。

他にも佐々木道誉《ささきどうよ》の「道誉一文字《いちもんじ》」、義貞の弟の脇屋義助《わきやぎすけ》が奉納したと伝えられる郷則重《ごうののりしげ》作の太刀と脇差《わきざし》など、『太平記』ゆかりの名刀は数知れない。

赤《あか》木《ぎ》柄《え》の刀《かたな》

所持者

曾我五郎《そがごろう》

DATA

軍記物：『曾我物語』
歌舞伎：『助六由縁江戸桜』『曾我対面』

知られざる日本三大仇討

曾我《そが》兄弟をご存じだろうか。

四十七士の忠臣蔵《ちゅうしんぐら》、そして荒木又右衛門《あらきまたえもん》の鍵屋《かぎや》の辻の決闘と並ぶ、日本三大仇討《あだうち》のひとつでありながら曾我十郎《じゅうろう》・五郎《ごろう》の仇討ち物語は意外なほど一般に知られていない。

時代劇の素材としては馴染みの薄い、鎌倉時代初期の出来事だけに映像化の機会にはなかなか恵まれないが、古典芸能、ことに歌舞伎の世界では知らぬ者のいない、定番の演目である。

それでは、曾我兄弟の波乱万丈のストーリーをご紹介しよう。

悲願の成就へ
ひた走った兄弟

軍記物『曾我物語《そがものがたり》』は鎌倉幕府の成立前後、有力武士団が群雄割拠していた東国《とうごく》で実際に起こった出来事が基になっている。

時は、安元《あんげん》2年（1176）。

十郎祐成《すけなり》（1172～93）と五郎時致《ときむね》（1174～93）の父の河津祐通《かわづすけみち》は所領争いの遺恨から、伊豆《いず》半島一帯に勢力を誇る武士団の長の工藤祐経《くどうすけつね》と敵対し、刺客に殺害された。残された妻は幼い十郎・五郎の兄弟を連れて難を逃れ、曾我祐信《すけのぶ》の許に嫁した。兄弟の姓が河津ではなく曾我なのは、母親が再婚したためなのである。

元服《げんぷく》した兄弟は、波乱万丈の試練を経て仇の工藤祐経に迫る。かくして迎えた建久《けんきゅう》4年（1193）。富士山の裾野において源　頼朝《みなもとのよりとも》が催した巻狩りの夜陰に乗じて、ついに悲願を成就させるのだ。兄の十郎は仇討ちの現場で斬り死にして果て、弟の五郎は捕えられて斬首に処された。

以上の史実から生まれたのが『曾我物語』だ。

兄弟が成長したのは、折しも源平の争乱が繰り広げられた激動の時代のことである。かかる世相を背景に、群雄割拠の東国で逞《たくま》しく生き抜きつつ腕を磨き、一途に仇討ちの決行へとひた走っていく。その純粋な姿は時代を超えた共感を呼び起こさずにはおかない。

仇から贈られた名刀

兄弟が仇討ちに立ち上がるまでの数々のエピソードのひとつに、意外なものがある。

五郎は11歳のときに親元を離れ、箱根別当《はこねべっとう》の坊（寺社）に預けられて稚児《ちご》となった。そこで出会ったのが、頼朝の箱根参詣の供をしていた工藤祐経であった。

このとき、両者はお互いが仇同士とは知らない。祐経は参詣の引出物として、五郎少年に「赤木の柄《つか》に胴金入れたる刀一腰」を与える。現在も当時のものと称される刀が箱根神社に所属されている。

仇から刀を贈られるとはなんとも皮肉な話であるが、17歳になった五郎は出家させられそうになったとき、迎えに来た十郎と共に坊を抜け出して元服。ついに仇と知った祐経への復讐に乗り出すのだ。

現代に生きる曾我狂言

大小の武士団の間での小競り合いの種が尽きない鎌倉幕府の草創期における東国の様相を背景とする『曾我物語』は、謡曲、幸若舞《こうわかまい》、浄瑠璃から歌舞伎へと受け継がれた。

現代人の常識では理解し難い行動原理に支えられた、仇討ちという行為が根底にありながらも、兄弟の悲劇は確かなリアリティーを持って観る者の胸に迫ってくる。

十郎は美形の二枚目、五郎は剛力の巨漢として造型され、この五郎役は江戸

歌舞伎の祖である初世市川団十郎《いちかわだんじゅうろう》が自ら創始した、荒事《あらごと》に格好の人物像として重んじられた。

以来、兄は和事《わごと》で弟は荒事といった明確な差別化が為され、敵味方にもさまざまな個性的な登場人物が配された曾我狂言は、江戸三座の正月興行に欠かせない演目として現代に至っている。ちなみに能では５月の演目とされており、現代は絶えてしまった演目も、江戸時代には盛んに行われていた。

なお、歌舞伎で最も有名なキャラクターの「助六《すけろく》」も、実は曾我狂言の影響を受けている。弟の五郎の仮の姿と設定された助六は、吉原《よしわら》で浮き名を流す遊び人を装いながら、名刀・友切丸《ともきりまる》を探し求めているという趣向である。詳しくは別項（p108「友切丸・北辰丸」）にてご紹介しよう。

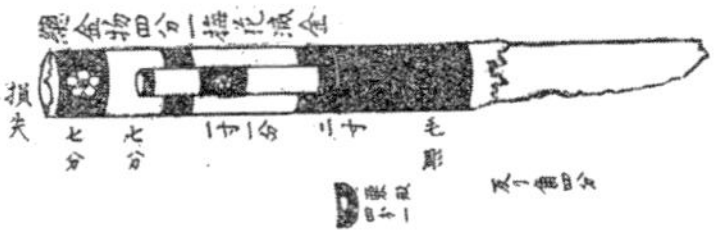

相摸國箱根権現社藏
赤木短刀圖

曽我
藤原時致木像
同安置

曽我
藤原祐成木像
同安置

能《のう》・狂言《きょうげん》の太刀《たち》

DATA

能	：二番目物各種
狂言	：『悪太郎』『武悪』『磁石』『空腕』

小道具としての刀剣

演劇、とりわけ異なる時代における習俗の再現を前提とする古典芸能に、小道具は欠かせない。

中でも刀剣は現実世界においては武具であり、権威の象徴でありながらさまざまな古典芸能に登場する。それも殺陣のためではなく、一種の舞台装置として、作中で有効に用いられるケースが多い。本項では能《のう》と狂言《きょうげん》に対象を絞り、舞台における刀剣の意味について考えていこう。

能の軍体と太刀

能には太刀《たち》、薙刀《なぎなた》、弓矢などの武具がしばしば出てくる。とりわけ二番目物（修羅物《しゅらもの》）には軍体《ぐんたい》と称される、武者に扮した役者が登場するため、各演目に必須の小道具となっている。

というのも、二番目物は生前に合戦場で無念の死を遂げた武者の亡霊が現世の命終の地に現れ出て、切々と無念を訴えかけるのが基本形だからである。前半は別の姿で登場していても、後半は生前の武者の姿に戻って再登場するため、自ずと武具を携えていなくてはならないからだ。

主役（シテ）は死して尚、戦いに生きる者の修羅から逃れるには至っていない。物語の後半で太刀や薙刀を振るって演じる所作は、過去の再現であると同時に、未だに修羅道で繰り広げられている「今」なのだ。

能で用いられる、太刀を始めとする数々の武具は遺品ではない。非業の最期を迎えてからも安らかに眠ることを許されない、武者たちの哀しみの象徴なのである。

太刀が生み出す狂言の笑い

続いては、狂言における太刀について考えていこう。

能の幕間に演じられる狂言はわかりやすく、いつの世も変わらない人の営みを描いた寸劇であり、喜劇と言ってもいいほどに、明るい笑いを誘う構成が身上となっている。

そんな狂言の根幹を成しているのが、鋭い風刺性だ。

狂言の登場人物は貴族に武士、そして太郎冠者《たろうかじゃ》を筆頭とするさまざまな階層の庶民と多岐にわたるが、そこには一切の差別がない。高貴な者も人の子なれば、することは皆、変わらない。そんな現代においては当たり前のことも、厳しい封建制度下においては公に口にすることさえ憚《はばか》られたわけだが、古典芸能、殊に狂言ではリアルタイムの出来事ではないという前提条件の下、驚くほど自由闊達に表現されている。

当然、太刀を始めとする武具の扱いもまったく堅苦しくはない。

危険な存在としてではなく、笑いを誘う舞台装置のひとつとして、縦横無尽に活躍する狂言の太刀の、具体的な使用例を見ていこう。

『悪太郎』

出家狂言『悪太郎《あくたろう》』は、無頼漢《ぶらいかん》の甥《おい》を更正させる伯父の機転が見どころの作品だ。

大髭を生やして刀をたばさみ、薙刀を引っ提げた悪太郎が伯父の許を訪ねる。酒をねだられた伯父は今夜限りで禁酒せよ、と念を押した上で振る舞い、帰っていく悪太郎をこっそり尾けていく。すると、酔っ払った悪太郎は案の定、道端で眠りこけていた。

すかさず伯父は一切の武具を取り上げてしまい、代わりに仏具を持たせて僧形に変えてしまうと、ねぼけた悪太郎に「南無阿弥陀仏《なむあみだぶつ》」と命名する旨を告げて去っていく。

目を覚ました悪太郎は己の変わり様に驚くが、ねぼけて聞いた伯父の声を仏《ほとけ》のお告げと勘違いし、すべては御仏のお導きと思い込んでの仏道修行を志す。ところが、もともと無信心な悪太郎は念仏《ねんぶつ》を知らなかった。たまたま通りかかった僧が阿弥陀経を唱えているのを、自分の新たに命名された名を呼ばれたものと勘違いして、返事をしてしまう始末だ。僧との掛け合いを経て真に改

心した悪太郎は、諸国修行に旅立つことを決意する。

このように、ユーモラスかつ深みのある大団円を迎える『悪太郎』では乱暴者の象徴として武具が登場する。伯父はすべての武具を取り上げ、姿形をすっかり変えてしまうことで甥の更正を促すのだ。それは、観る者に一人の無頼漢が仏弟子に生まれ変わる様をわかりやすく示すための、端的な演出効果とも言えるだろう。

太刀をなくせば皆ただの人

大名《だいみょう》狂言の『武悪《ぶあく》』と集《あつめ》狂言の『磁石《じしゃく》』は、弱者が機転を利かせて強者の太刀を奪い取り、たちどころに立場を逆転させる展開が見どころである。

奉公人仲間の武悪を成敗せよと命じられてしまった太郎冠者が、あの手この手でごまかし、実は臆病者の主人から太刀のみならず、小刀まで取り上げて武悪に追い回させる『武悪』。

人買いを営む宿の主人とすっぱ（野武士）にだまされて、売り飛ばされそうになったいなか者がとっさに磁石の精を装い、太刀を呑み込んでしまうと脅かして見事に逆襲する『磁石』。

いずれも絶対的な強者がぶざまに打ち負かされる様が痛快であり、現実には弱者の立場から脱することの叶わない庶民たちにとって、まさに胸のすく演出となっている。

とはいえ、強者も負けてはいない。

小名《しょうみょう》（太郎冠者）狂言『空腕《そらうで》』は、夕暮れに洛外への買い物を命じられた太郎冠者が、用心のためにと主人の太刀を借り受けて出かけるところから始まる。ところが臆病な太郎冠者は物陰におびえて追剥ぎと思い込み、誰もいないのに太刀を差し出して命乞いをする始末。後を尾けてきた主人は呆れつつ太刀を取り上げ、平身低頭したままでいる太郎冠者の背中を扇で打って気絶させる。

気が付いた太郎冠者は、無事を喜んで館へ戻った。太刀をなくしたのは襲ってきた大勢の賊と戦い、やっつけたものの折られたためだと言い逃れを目論む。ところが件の太刀を突き付けられてしまい四苦八苦……というのがオチ。狂言には珍しく、主人がかっこよく描かれていても嫌味に感じられないのは、誰もが等しい立場の狂言世界ならではの醍醐味であろう。

「伊賀越物《いがごえもの》」の正宗《まさむね》

所持者

和田志津馬《わだしづま》（渡辺数馬《わたなべかずま》）

DATA

歌舞伎・文楽：『伊賀越道中双六』

伊賀上野の仇討ち

歌舞伎と文楽の定番の演目に「伊賀越《いがごえ》物」がある。

伊賀越とは、寛永《かんえい》11年（1634）11月7日未明、伊賀上野《うえの》（三重県上野市）・鍵屋《かぎや》の辻で行われた仇討《あだう》ちを指す。高名な剣豪・荒木又右衛門《あらきまたえもん》が助っ人をしたことも手伝って世に広まり、後世に至っては曾我物語《そがものがたり》と忠臣蔵《ちゅうしんぐら》に並ぶ日本三大仇討ちのひとつに数えられるまでになった。

この仇討ち、内実を検証してみると存外に複雑である。

備前岡山《びぜんおかやま》藩主・池田忠雄《いけだただお》の寵愛を巡っての小姓《こしょう》同士の争いが原因で片方が殺され、双方の縁者が肩入れした結果、討つ側の渡辺数馬《わたなべかずま》を後押しする諸大名と、討たれる側の河合又五郎《かわいまたごろう》についた直参旗本《じきさんはたもと》との対立にまで発展したことが、話を大きくした原因なのだ。

ちなみに、荒木又右衛門は数馬の義兄として仇討ちに参加している。親族ならば、助っ人に加わったのも武家社会の常識に照らせば至極当然のことなのだが、対する又五郎は父・河合半左衛門の伝《つて》で大身旗本の安藤四郎右衛門重元《あんどうしろうえもんしげもと》の庇護を受け、実に1年半も逃げ回っている。小姓とその親族だけの間でのことならば、ここまで話がこじれたりはしない。

発端は取るに足らないことだったにも関わらず、徳川幕府の体制が未だ磐石と言い難かった時期だけに、討たれる側を支援する旗本の態度も強硬であり、大名の権威をものともせずに、名誉を懸けて仇討ちの阻止を画策したのである。中途からは仇討ちというよりも、むしろ大名と旗本の代理戦争の様相を呈していたと言っていいだろう。

ともあれ、これほど複雑な内実を孕む事件となれば、創作の題材に取り上げられないはずがあるまい。

名刀が話を紡ぐ伊賀越物

江戸時代に作られた、“伊賀越物”と総称される歌舞伎と文楽はおびただしい数に昇った。大名と旗本の対立が絡んだ仇討ちとなれば、大いに想像を逞《たくま》しくするに値したのも当然であろう。創作上のお約束で史実よりも過去の時代の出来事に設定されてはいても、実際の事件としての生々しさはいささかも損われるものではないからだ。

数ある伊賀越物でも、とりわけ有名なのが近松半二《ちかまつはんじ》・近松加作《かさく》の合作で天《てん》明《めい》3年（1783）4月、大坂竹本座《おおさかたけもと》にて初演された浄瑠璃『伊賀越道中双六《いがごえどうちゅうすごろく》』である。同年の9月には早々に歌舞伎に脚色されており、当時の人気の高さが窺われる。

本作品は、伊賀越物の世界を確立する上で最も功績があったといわれる歌舞伎『伊賀越乗掛合羽《のりかけがっぱ》』が基になっている。

江戸歌舞伎には浄瑠璃から翻案されるケースが多いが、この『伊賀越乗掛合羽』の場合は、最初に歌舞伎が安永《あんえい》5年（1776）12月に大坂嵐《あらし》座で上演された後、翌年3月に同じく大坂で浄瑠璃化されて大当たりを取ったもの。近松半二らは『〜乗掛合羽』を原作にして、7年越しで新たな物語を生み出したのである。

それでは『〜道中双六』の筋立てを見てみよう。

物語は大永《たいえい》元年（1521）2月、足利幕府の執権・上杉顕定《うえすぎあきさだ》に仕える和田志《わだし》津馬《づま》（渡辺数馬）が、同輩の沢井股五郎《さわいまたごろう》（河合又五郎）に陥れられ窮地にはまるところから始まる。

股五郎は、上杉家の剣術指南を勤める和田家の家宝である正宗《まさむね》の名刀に執心するのみならず、志津馬の姉のお谷《たに》を娶って婿《むこ》入りする野望を抱いていた。そこで同輩の志津馬を罠にかけて名誉を失墜させ、和田家当主の行家《ゆきえ》に正宗とお谷を所望するが、厳格な行家は志津馬は勘当したと言って聞く耳を持たない。思惑が外れた股五郎は激昂し、行家を殺して逃亡する。

そこで荒木又右衛門を基に造型された剣豪・唐木政右衛門《からきまさえもん》が登場して長い復讐劇の幕が開くわけだが、発端に実在の名刀が設定されている点が興味深い。

ちなみに、実在の又右衛門が仇討ちに際して佩用《はいよう》したのは、江戸時代初期の名工・二代伊賀守金道《いがのかみきんみち》の作。斬り合いの渦中で折れてしまったという不名誉

中世・戦国

な話ばかりが喧伝されているが、ひるむことなく脇差《わきざし》を抜いて応戦し、見事に義弟の数馬に本懐を遂げさせた事実は押さえておきたい。

古今無双の名工

相州《そうしゅう》正宗（五郎入道《ごろうにゅうどう》正宗）は『〜道中双六』の設定年代からさかのぼること200余年前、相模国《さがみのくに》（神奈川県）で活躍した名匠だ。

鎌倉幕府の樹立を機に、将軍のお膝元には多数の刀工が招聘され、鎌倉鍛冶と呼ばれて繁栄したことで知られる。正宗の父の藤三郎行光《とうざぶろうゆきみつ》も、鎌倉鍛冶のパイオニアの一人となった左近国綱《さこんくにつな》の子・新藤五国光《しんどうごくにみつ》の門人として有名な刀工だった。

正宗の最大の功績は、父の行光に学んだ作刀技術を深化させ、相州伝《そうしゅうでん》と称される新たな作風を確立させたことにある。

相州伝の創始者たる正宗作の刀は、華やかな外見に強靱さを兼ね備えている点が高く評価され、鎌倉武士にもてはやされたのみならず、後世にも豊臣秀吉を始めとする武将たちの垂涎《すいぜん》の的となった。

とはいえ、いかに需要が多くても、供給には自ずと限界がある。まして作刀者の没後200年が経過しているとなれば､容易には手に入るものではあるまい。

なればこそ『〜道中双六』において、死人が出るほどの騒動にまで発展するのも説得力があるのだ。

氾濫し続けた正宗

正宗人気は、江戸時代に至っても衰えを知らなかった。

浄瑠璃や歌舞伎の主な客層である庶民たちも、当然ながら正宗の名前を知っている。それほどまでに知名度が高いからこそ、芝居の小道具としても生きてくるのだが、江戸時代に世に出回った正宗の数は、いかにも多すぎた。幕末から明治維新を経て、3000振りを下らなかったというから尋常ではない。正宗が生涯に手がけた総数は2800振りといわれるが、当然ながら鎌倉から南北朝、室町、そして戦国と争乱が続き、さらには幕末に勤王《きんのう》派と佐幕《さばく》派の熾烈な闘争が繰り広げられた過程において、欠損したり折れたりして失われたものも、少なくなかったはずである。にも関わらず全生涯の作刀数を上回る正宗の刀が出回っていたということは、自ずと偽作の存在を考えざるを得ない。

正宗は、自作の刀にほとんど銘《めい》を切らなかったことで知られる。在銘のものが限りなく少ないとなれば、作風を似せて作る技量さえ持っていればそれこそ幾らでも偽作を量産できる可能性が有り得たのである。明治時代以降、刀剣界に正宗の存在そのものを疑う議論が百出したのも、むべなるかなである。それは、有名になりすぎたがための悲劇と言えるだろう。誰もが知っている名刀であり、古今のフィクションに登場する正宗は、名刀であるが故のジレンマを背負った存在でもあるのだ。

COLUMN

鍵屋の辻の決闘

荒木又右衛門《あらきまたえもん》は江戸時代初期を代表する剣豪の1人だ。柳生新陰流《やぎゅうしんかげ》をはじめとする複数の流派を修め、自ら荒木流を称した又右衛門は義弟の渡辺数馬《わたなべかずま》にとって、最強の助っ人だったと言っていい。

鍵屋《かぎや》の辻《つじ》の決闘は又右衛門にとって、かつての知り人との因縁の対決でもあった。

仇《かたき》の河合又五郎《かわいまたごろう》には、叔父の河合甚左衛門《じんざえもん》が率いる10人の護衛が付き添っていた。又右衛門と甚左衛門は、かつて共に郡山藩《こおりやま》で剣術指南を勤めた間柄だ。又五郎一行を襲撃したとき、又右衛門が真っ先に甚左衛門を狙ったのは、自分以外には倒せない強敵と承知していたからに他ならないだろう。

強敵には違いないが、相手の手の内が分かっているとなれば自ずと戦いやすい。又右衛門は馬から降りようとした甚左衛門の左腿を切り裂き、落馬させたところにすかさず二の太刀を浴びせて、因縁の対決を制する。

続いて又右衛門は又五郎の妹婿で、槍術の達人の桜井半兵衛《さくらいはんべえ》を一太刀で仕留めた。得意の武器を使わせないように、あらかじめ加勢の門人たちに槍持ちを襲わせた頭脳作戦だった。

倒したのが2人とは少ないと思われるかもしれないが、仇討ちの障壁となる強敵のみを相手取り、助っ人の役目を果たした又右衛門の力量は尋常ではあるまい。

たまたま現場に居合わせた老武士から何事かと問われ、その声を聞き取って「仇討《あだう》ちでござる」と答えたという逸話も、修羅場でも平常心を失うことなく、冷静に事に臨んだ豪傑ぶりを窺わせる。

妖刀村正《ようとうむらまさ》（籠釣瓶《かごつるべ》）

所持者

佐野次郎左衛門《さのじろうざえもん》

DATA

歌舞伎：『籠釣瓶花街酔醒』

伝説の妖刀

千五村正《せんごむらまさ》は、南北朝の動乱に際して南朝《なんちょう》方を支えた名家・北畠《きたばたけ》氏のお膝元である伊勢国《いせのくに》（三重県）で3代にわたって栄えた、刀工一門の長である。山城国《やましろのくに》（京都府南東部）の名工・平安城長吉《へいあんじょうながよし》に学び、師に酷似する出来と世に謳われたとなれば、凡百の刀工であろうはずがない。伊勢が誇る名工の一人だったと言えるだろう。

さて、フィクションに登場する「妖刀」といえば、真っ先に思い浮かぶのが村正である。

これは、今に始まった現象ではない。

元をただせば戦国乱世、それも徳川家康が生まれるよりも遥か以前にまでさかのぼるのだ。

それでは、村正の妖刀伝説をひも解いてみよう。

松平一族の悲劇

家康のルーツである三河国《みかわのくに》（愛知県東部）の松平《まつだいら》一族では、3人が村正の刀によって命を落としている。

弱肉強食の戦国乱世のことだけに、合戦場で斬られたということならばやむを得ない。しかし、家康の祖父の清康《きよやす》、そして父の広忠《ひろただ》を襲った死は不可解にすぎた。

清康は尾張《おわり》へ軍を進めていた天文《てんぶん》4年（1535）に斬殺された。それも敵陣ではなく夜の陣中において敵と間違われ、家臣の安部弥七郎《あべやしちろう》の手にかかったのである。弥七郎の佩刀《はいとう》は村正だった。

これだけで事が済めば、偶然で済まされていたかもしれない。ところが14年後の天文18年（1549）には、広忠が乱心した近臣の岩松八弥《いわまつはちや》に突如として斬りかかられ、負わされた傷が悪化して死に至っている。このとき八弥が帯びていた脇差《わきざし》もまた、村正の作であった。

時は過ぎて、天正《てんしょう》3年（1575）。

3人目の犠牲者は家康の嫡男であり、後継者として期待されていた信康《のぶやす》だった。同盟を結ぶ織田信長が、敵対する武田《たけだ》氏と信康が内通していると疑いをかけてきたため、松平一族の安全を図るため、家康は泣く泣く切腹を命じざるを得なくなった。

かくして信康の首を打った介錯《かいしゃく》役の刀は、図らずも村正であった。

これほどまでに凶事が重なれば、たとえ家康ならずとも疑心暗鬼になるのは致し方のないところであろう。天下人となった家康は、世の諸大名に村正の所持を厳しく禁じるに至ったのである。

その切れ味や如何に

徳川家に祟《たた》る妖刀とされてしまったがために、江戸時代に村正の切れ味が表立って試されることは憚《はばか》られた。

御様御用《おためしごよう》首斬り役として名高い山田《やまだ》一族の5代目に当たる朝右衛門吉睦《あさえもんよしむね》が著した刀剣書『懐宝剣尺《かいほうけんしゃく》』『古今鍛冶備考《ここんかじびこう》』にも、村正の名前はない。

しかし、そもそも村正とは、北畠氏を筆頭とする伊勢国の武家に合戦の武具としての刀、すなわち武用刀《ぶようとう》を供給する刀工一門の長である。勇敢なことで知られた伊勢の武士たちのために作刀する立場となれば、鈍刀《どんとう》など後世に遺すはずがあるまい。

古今の創作の世界における村正が、切れ味の鋭さを強調されているのもあながち妖刀のイメージばかりが先行してのことではないのだ。

妖刀に負けた心の弱さが憎い

創作の題材として村正の妖刀ぶりが遺憾なく発揮されたのが明治21年（1888）5月に東京千歳座《ちとせざ》にて初演された、3世河竹新七《かわたけしんしち》作『籠釣瓶花街酔醒《かごつるべさとのえいざめ》』である。明治の新時代に作られた世話物の代表作のひとつといわれる本作品では吉原《よしわら》遊廓を舞台に、美貌の花魁《おいらん》に心を奪われた哀れな男の破滅が描かれる。

江戸時代、実際に起こった「吉原百人斬」事件を基に生み出された物語は以下の通りである。

商用で初めて江戸に出てきた、野州《やしゅう》（下野《しもつけ》）は佐野《さの》の絹問屋・次郎左衛門《じろうざえもん》は吉原へ迷い込み、たまたま花魁道中を見かける。そこで目に止まったのは兵庫屋《ひょうごや》の八ツ橋《やつはし》、今が盛りの太夫《たゆう》である。元は没落した武家の娘だった八ツ橋の高貴な美貌にたちまち心奪われた次郎左衛門は金に糸目をつけずに吉原へ通い続け、ついに身請《みう》けをしようとまで思いつめる。顔に醜いあばたの跡があるがために、周囲に劣等感を抱いて生きてきた男が生まれて初めて本気で女性に惚れたのである。一方の八ツ橋も親身になって接してくれる次郎左衛門のことを、憎からず思っていた。

そこに割り込んできたのが、釣鐘《つりがね》の権八《ごんぱち》という悪党だった。かつて権八は八ツ橋の実家に中間《ちゅうげん》奉公をしており、身売りの際に親代わりとして身許保証人を引き受けた男である。立場を悪用し、身請け話の間に入って割り前をせしめようと目論んだ権八だが、次郎左衛門に吉原通いの世話をする引手茶屋《ひきてちゃや》・立《たち》花屋《ばなや》の主人の長兵衛《ちょうべえ》は金目当ての企みを見抜き、権八を追い払う。

しかし権八はあきらめずに、八ツ橋が身を売る前に二世《にせ》を誓った浪人の繁《しげ》山栄之丞《やまえいのじょう》をそそのかす。相思相愛のはずの彼女が田舎者のお大尽《だいじん》に心を移したと思い込まされた栄之丞は怒り狂い、吉原に乗り込んできて八ツ橋をなじる。間の悪いことに、次郎左衛門は商売仲間を引き連れて登楼していた。かくして、八ツ橋は満座の中で、次郎左衛門に愛想尽かしを告げざるを得なくなってしまう。やはり、本命の恋人である栄之丞への想いには勝てなかったのだ。

大恥をかかされた次郎左衛門が悄然《しょうぜん》と野州へ戻ってから、早くも数カ月が過ぎ去った。

吉原に再び現れたとき、次郎左衛門は一振りの刀を提げていた。それはかつて父の次郎兵衛《じろべえ》が所持していた妖刀・村正（籠釣瓶）だった。

嫉妬と劣等感ゆえに己を見失った次郎左衛門は八ツ橋を、権八を、栄之丞を、さらには無関係の人々までも見境なく斬って廻る。それは己が心の弱さゆえに、血を求める妖刀の魔力に負けてしまった一人の男が自ら招いた、破滅の瞬間であった。

太郎太刀《たろうだち》・次郎太刀《じろうだち》

所持者

真柄十郎左衛門《まがらじゅうろうざえもん》・十蔵父子《じゅうぞうおやこ》

DATA

軍記物：『信長記』

乱世に群雄割拠した戦国大名たちにとって、優秀な家臣は万金にも代え難い存在だった。

たとえば織田信長の場合、

「不動行光《ふどうゆきみつ》（名刀）、つくも髪《がみ》（茶器）、人には五郎左御座候《ごろうざござそうろう》」

と歌われた丹羽五郎左衛門長秀《にわごろうざえもんながひで》を始めとする、優れた家臣を多数抱えていたわけだが、他の大名家にも有能な者は数多く存在した。

一口に有能と言っても、その有り様は人それぞれである。たとえば豊臣秀吉のように頭の回転の早さで頭角を現し、本能寺《ほんのうじ》の変で落命した信長の功績を余さず受け継ぐ形で天下人となった人物がいれば、純然たる武人として合戦場においての働きで他者を圧倒する、剛勇の士も数多かった。

これからご紹介する真柄十郎左衛門直澄《まがらじゅうろうざえもんなおずみ》・十蔵《じゅうぞう》父子は、戦国乱世の徒花ともいうべき、後者の典型例である。

破格の超武具を振るう父子

越前国《えちぜんのくに》（福井県）の朝倉《あさくら》氏に仕えた真柄父子は、共に大太刀《おおだち》の遣い手として勇名を轟かせた剛勇の士である。太郎太刀《たろうだち》・次郎太刀《じろうだち》の異名を冠《かん》する父子の愛刀の長さは、尋常ではなかった。

十郎左衛門の太郎太刀の刀身は、実に5尺3寸（約150.9センチ）。当時の成人男性の平均身長が160センチ以下だったことを思えば、誠に驚くべき長さと言うべきであろう。重ね、すなわち刀身の厚さは3分5厘（約1.05センチ）もあり、峰の上に銭を置くことができるほど分厚かった。丸型の鉄鍔《てつつば》はまるで車輪のようだったと伝えられている。

柄《つか》を含めた全長は1丈（約300.3センチ）。つまり、通常の刀装ではなく、刀身と柄の長さがほぼ等しい長巻《ながまき》タイプと見なされる。確かに構造の上では柄が長ければ長いほど重心が分散されて、それだけ扱いやすくもなるだろう。とはいえ、総鍛鉄製で小柄な男性の身長並みの大太刀を自在に操ることなど、人間業ではまず不可能に違いない。ところが太郎太刀の刀身は1貫200匁(約4.5キロ)と、意外なほど軽量に作られている。その上に長柄《ながえ》の仕様となれば、鍛えられた戦国武者の手に余るということもなかったのではないか……と思えてくるから不思議なものである。

十蔵の次郎太刀は4尺7寸（約122.1センチ）とやや短いものの仕様は同じで、他に例を見ない超武具である点においては父の愛刀にも劣るものではない。これほどの長大な刀を振るうことが可能な父子を朝倉氏は擁していたのだ。

存在そのものが大量破壊兵器、といったイメージすら漂うが、あながち誇張ではない。

戦慄の乱刃

真柄父子の活躍に関する伝説がひとつある。ここでは十郎左衛門の名前は直《なお》隆《たか》、十蔵は隆元《たかもと》となっている。

ある時、一向一揆《いっこういっき》勢の掃討を命じられた父子は随伝坊《ずいでんぼう》という従者のみを従えて、わずか3騎で討って出た。父子の武具はむろん太郎太刀と次郎太刀。随伝坊は1丈2尺（約360センチ）もある六角棒を携えていた。

一揆勢を前に名乗りを上げた主従は、それぞれに騎馬を駆って大勢の中に割って入ると、縦横無尽に斬り廻って追い散らし、瞬く間に80余人を薙ぎ倒したという。

これが尋常の武者の逸話ならば、まず有り得ないと一笑に伏すこともできるだろうが、破格の超武具を駆使する父子の武勇伝ともなれば、完全な作りごとも思えない。

ちなみに、この伝説での太郎太刀は7尺8寸（約234センチ）で、次郎太刀は6尺5寸（約195センチ）とされている。全長ということなのだろうが、ここに出てくる太郎太刀は従者が4人がかりで担ぐほど重かったとされており、とても1貫200匁ぐらいでは収まりそうにないが、現実に長く重い大太刀を軽々と振り回せればこそ、伝説において誇張された武人のイメージも、より確かな、説得力のあるものとなり得たのだろう。なお、作刀者は越前の刀工・有国《ありくに》と兼《かね》則《のり》で、合作ということになっている。

先述した太郎太刀の全長１丈、刃長《じんちょう》５尺３寸、重ね３分５厘、重さ１貫200匁というスペックは、白山比売《はくさんひめ》神社（石川県石川郡鶴来町三宮町）所蔵のものだ。作刀者は享禄《きょうろく》年間（1528～32）の加州《かしゅう》（加賀）鍛冶・行光《ゆきみつ》である。

父子鷲の最期

真柄父子の勇名を今に伝える『信長記《しんちょうき》』は、言うなれば織田信長と彼に味方した諸大名小名の武功伝である。その『信長記』に、信長と敵対した朝倉氏に仕える父子の名前が記されているのは、すなわち、敗軍の将兵としてということに他ならない。敗走する主君の盾として果てたのだ。

時は元亀《げんき》元年（1570）６月28日早朝。信長は義弟の浅井長政《あさいながまさ》の裏切りに激怒し、徳川家康など諸将の援軍を得て、浅井・朝倉勢と雌雄を決するべく軍を進めた。世に云《い》う、姉川《あねがわ》の合戦である。８時間にも及んだ戦闘は、敵も味方も共に消耗するのを避けるため和睦を望むのが実は通例だったという当時としては、異例の総力戦となった。

織田・徳川連合軍と激突した朝倉義景の軍勢は、同盟を結ぶ浅井勢ともども敗走を余儀なくされた。となれば退路を確保するべく、配下の将兵は追っ手を迎え撃たなくてはならない。かくして矢面に立つことになった真柄十郎左衛門は、愛用の太郎太刀を振るって奮戦、40～50間（72～90メートル）四方の地面が踏まれて鋤《す》き返したようになってしまうほど、四方八方に斬り廻った。

しかし、そこには自ずと限界があった。

合戦場の主武器は、刀ではない。遠隔から敵勢を掃討するのは弓足軽《ゆみあしがる》の役目であり、近接戦闘においては間合いを確保しながら攻めることの可能な長柄《ながえ》武器、それも槍《やり》に勝る存在はない。薙刀《なぎなた》と太刀を兼ねた武具として南北朝動乱の頃までは重宝されていた大太刀も、すでに時代遅れとなっていたのだ。

助け合いながら繰り返し槍で突きかかる徳川方の武者・匂坂式部《さぎさかぎょうぶ》とその兄弟、さらには配下の足軽たちの援護まで加わっては、いかに大太刀の達人といえども為す術がない。匂坂兄弟の末弟・六郎五郎《ろくろうごろう》に首級《しるし》を挙げられた父の後を追うように、十蔵は次郎太刀で暴れ回ったあげく、徳川方の勇将・青木《あおき》所右衛門一重《かずしげ》の鎌槍《かまやり》に左手を斬り落とされてしまう。刀剣、特に刀身が長いためにバランスが取りにくい大太刀の場合、軸点となる左手を失っては、もはや十全に機能し得ない。かくして真柄の父子鷲は戦国乱世の終焉を見ることなく、木っ端微塵に玉砕して果てたのだった。

波泳《なみおよ》ぎ兼光《かねみつ》・鉄砲《てっぽう》切《ぎ》り助真《すけざね》

所持者

上杉謙信《うえすぎけんしん》

DATA

民間伝承

刀は切れる

当たり前のことを言うようだが、刀は切れるものである。

ごく簡単な言い方をさせてもらえば、重さが刀身だけでも1キロ前後に達する剃刀《かみそり》と思っていただきたい。

鋭利きわまりない刃にそれだけの自重が備わっているとなれば、わずかに刃先に触れただけで傷付くのは当然であり、扱いに慣れた者が振るえば恐るべき威力を発揮しても、まったく不思議ではあるまい。

切れ味の鋭い刀を利刀《りとう》と呼ぶ。ただでさえよく切れる刀の中でとりわけ優れているといわれる以上、その鋭さが並々ならないのは言うまでもないだろう。

当然ながら、付随して伝えられるエピソードも往々にして現実離れした内容になりがちなのだが、なまじの鈍刀を巡って大袈裟な逸話が作られたり、切れ味の鋭さが世に喧伝されるはずもない。

真に優れた刀なればこそ、賛美する伝説も自ずと生まれると考えるべきであろう。

それでは、利刀伝説を具体的に見ていこう。

切れ味の鋭さを物語る民間伝承

古来より、刀にまつわる民間伝承には、切れ味の鋭さが強調されたエピソードが数多い。とりわけ有名なのが「波泳ぎ」の異名で知られる、上杉謙信《うえすぎけんしん》の愛刀・備前長船二代兼光《びぜんおさふねにだいかねみつ》だ。

謙信は備前刀好みの武将だった。最も好んだのは兼光一門の祖に当たる長船長光《ながみつ》で、かの川中島《かわなかじま》の合戦で敵陣に単身突入し、好敵手の武田信玄《たけだしんげん》と渡り合ったとの伝説に出てくる「小豆《あずき》長光」をはじめ、選りすぐって蒐集した長光の数は、計5振りに及んだという。

さて、波泳ぎ兼光である。

詳細は定かでないが、戦前の国定教科書に掲載されるほど有名だったという波泳ぎ伝説によると、斬られた者が川に飛び込み、向こう岸まで泳ぎ着いてから首が落ちた、または真っ二つになったとのこと。民間伝承として世間に流布した波泳ぎ伝説の真偽の程は定かでないが、異名の由来は刀剣研究の第一人者である福永酔剣《ふくながすいけん》氏の唱える、鎬地《しのぎじ》の竜の彫物が波間を泳いでいく姿を連想させるため、とする説が正しいと言えるだろう。なお、謙信は同じく二代兼光が手がけた「竹股《たけまた》兼光」も愛蔵していた。

波泳ぎ兼光は謙信の没後、羽柴中納言秀勝《はしばちゅうなごんひでかつ》を経て、立花宗茂《たちばなむねしげ》の手に渡った。宗茂は苛酷な乱世の生存競争に打ち勝ち、幕末に至るまで家名を存続させた戦国大名の一人である。

代々の立花家当主は波泳ぎ兼光を秘蔵し、刀剣趣味で有名な8代将軍の吉《よし》宗《むね》が上覧を所望した折にも、研ぎの最中と申し立てて断ったという。

合戦場で猛威を振るった鉄砲切り

もう一振り、上杉謙信にゆかりの利刀をご紹介しよう。

「鉄砲切《てっぽうぎ》り」の異名を持つ、鎌倉一文字助真《かまくらいちもんじすけざね》作の大脇差《おおわきざし》だ。

先述した小豆長光と竹股兼光についても同様のエピソードが伝えられているが、この助真作の大脇差こそが真の「鉄砲切り」と見なされる理由は刀身の短さにある。

脇差とは、刀身が2尺（約60センチ）以下の刀剣を指す。

そこで助真作の大脇差はと見れば、1尺9寸4分（約58.2センチ）。

脇差としては長いために大脇差と呼ばれるのだが、これはもともと2尺以上の太刀《たち》だったのを磨《す》り上げたものである。

刀身の短縮加工を意味する磨上げは、ふつう茎《なかご》（刀の束に入る個所）の部分から切断して縮めていく。

とはいえ、不慮の事態で刀身の先が折れてしまったときなどには、剣尖《けんせん》から磨り上げていくことも有り得なくはない。

鉄砲を断ち切った結果として刀身が損傷し、それを修繕した結果、太刀が大脇差に化けたとしても不思議ではないのである。

謙信の鉄砲切りは川中島の合戦ではなく、信州《しんしゅう》（長野県）に軍を進めたときのことだったとされている。

近臣を一人連れただけで自ら巡視に出た謙信は、陣地のすぐ傍まで忍び寄っていた敵方の武者を目ざとく見つけ、一刀の下に斬り伏せた。刀傷は肩先から腰にまで達し、死骸の傍らには鉄砲が真っ二つになって転がっていたという。

一軍の将にして確かな刀槍の技量を備えていた、上杉謙信の質実剛健な武者振りを彷彿《ほうふつ》とさせるエピソードだ。

これが創作であれば刃こぼれひとつなかった、としたくなるのが書き手にとっても読み手にとっても人情であろうが、折れた分だけ磨り上げて太刀だったのが大脇差になった、と解釈するほうが、遥かにリアリティーがあっていい。

第三章　織豊・江戸

赤穂義士《あこうぎし》の愛刀《あいとう》

DATA

歌舞伎・文楽：『仮名手本忠臣蔵』
文　　楽：『太平記忠臣講釈』

義に殉じた漢たち

その長い物語について、改めてご紹介するまでもないだろう。

大石内蔵之助良雄《おおいしくらのすけよしお》（1659 ～ 1703）以下、47 人の浪士たちによる復讐劇は、曾我兄弟物語《そがきょうだいものがたり》、荒木又右衛門《あらきまたえもん》の伊賀上野《いがうえの》の決闘と並ぶ日本三大仇討《あだうち》のひとつであり、知名度の高さで群を抜く。

２年近くに及んだ雌伏の時を経て、亡君・浅野内匠頭長矩《あさのたくみのかみながのり》（1667 ～ 1701）を死に追いやった張本人である、吉良上野介義央《きらこうずけのすけよしなか》（1640 ～ 1702）を討ち取った四十七士の名は、一命を投げ打って悲願の成就を望んだ義士として今日まで語り継がれている。

平和な時代が到来した元禄《げんろく》年間（1688 ～ 1704）の江戸で徒党を組み、刀槍を装備しての武力行使に及んだとなれば、責を問われることは免れない。まして家名を断絶された大名家の旧臣による、公には許されていない仇討ちを決行したとなれば、いかに世間が支持したとしても断罪は必然の結果。四十七士はすべてを覚悟の上で、事に臨んだのである。

その決意の程は、時の為政者側にも通じた。裁く武士の、裁かれる武士に対する至上の敬意というべき切腹を命じられ、臆することなく自刃した大石たちの最期は、義に殉じた漢《おとこ》と呼ぶにふさわしいものであった。

不朽の名作『忠臣蔵』

事件当時から現在に至るまで、さまざまなメディアにおいて創作の題材とされてきた赤穂義士の物語だが、古典芸能の世界ではやはり『仮名手本忠臣《かなでほんちゅうしん》蔵《ぐら》』に尽きる。

寛延《かんえん》元年（1748）８月に大坂竹本《おおさかたけもと》座において初演された人形浄瑠璃の大成

功を受けて、同年12月に大坂嵐《あらし》座にて歌舞伎化。早くも翌年には森田《もりた》座、市村《いちむら》座、中村《なかむら》座の江戸三座で競演されている。

歌舞伎・文楽の常として時代を過去に置き換え、討たれる側の吉良上野介を室町時代初期の足利幕府において手腕を振るった、実在の権力者・高師直《こうのもろなお》に設定した本作品は、時を重ねるごとにさまざまな工夫が加えられた結果、現在上演されている形となるに至った。それだけ息の長い演目であり、各時代の演者たちが精魂を傾けてきた、傑作中の傑作なのだ。

その『仮名手本忠臣蔵』から生まれた浄瑠璃『太平記忠臣講釈《たいへいきちゅうしんこうしゃく》』も広く知られている。明和《めいわ》3年（1766）10月に大坂竹本座にて初演された本作品は独特の残酷美に彩られており、忠臣蔵外伝の側面を備える『東海道四谷怪談《とうかいどうよつやかいだん》』など、後続の諸作にも大きな影響を与えた。

託された短刀

話を『仮名手本忠臣蔵』に戻そう。

忠臣蔵の原点とも言うべき本作品は暦応《りゃくおう》元年（1338）2月、鎌倉の地に造営された鶴岡八幡宮《つるがおかはちまんぐう》に、室町将軍・足利尊氏《あしかがたかうじ》の代参として弟の直義《なおよし》が下向してくる予定が決まるところから始まる。

鎌倉に在任する幕府の執事・高武蔵守《むさしのかみ》師直の指導の下、御馳走役として桃《ももの》井若狭助安近《いわかさのすけやすちか》と塩冶判官高定《えんやはんがんたかさだ》が選ばれた。

師直は当初、若狭助に辛く当たる。度重なる恥辱を与えられた若狭助は討ち果たそうと密かに決意するが、気付いた家老の加古川本蔵《かこがわほんぞう》はいち早く師直を訪問し、多額の賄賂を贈って取りなす。

気を良くした師直は態度を一変させて、塩冶判官に矛先を転じた。判官の妻で美貌のかほよ（顔世）御前に懸想し、手厳しく振られたのを逆恨みしての所業であった。

耐えかねた判官は、ついに殿中での刃傷沙汰に及んでしまう。その場に居合わせた本蔵に抱き止められたため判官の二《に》の太刀《たち》は届かず、憎い師直は浅手を負っただけで難を逃れる。

国家老の大星由良助《おおぼしゆらのすけ》が駆け付けたときにはすでに遅く、主君は切腹の場に臨んでいた。

最後の別れに際して由良助は短刀を託され、判官の無念を汲んで仇討ちを決意する。理不尽な扱いに意地を通そうとして果たせず、さらには不当な裁きの下に死を余儀なくされた主君の思いのたけが、一振りの短刀に余さず込められているのだ。

かくして舞台は整い、討つ側と討たれる側のさまざまな思惑と愛憎とが錯綜する物語が展開されていくのだが、全11段の中でも、五段目「山崎街道《やまざきかいどう》」から六段目「勘平住家《かんぺいすみか》」、七段目「一力《いちりき》茶屋」と続く部分は、主君の供ですぐ近くに居合わせながら、腰元のお軽《かる》と逢瀬を楽しんでいて凶事に気付かず、結果として見殺しにしてしまったがために居場所を失った早野《はやの》勘平の悲劇と、由良助から離反した不忠の士である斧九太夫《おのくだゆう》・定九郎《さだくろう》父子の悪業とその末路が描かれており、人気の高い場面として知られる。

義士愛刀列伝

実在の義士たちは、どのような刀を帯びていたのだろうか。その疑問に答えてくれるのが仇討の成就後、幕府の命で大石以下17人の義士の身柄を預かった細川《ほそかわ》藩邸の接待係・堀内伝右衛門重勝《ほりうちでんえもんしげかつ》が著した覚書《おぼえがき》だ。

まさに義士愛刀列伝と言うべき『堀内伝右衛門覚書』には、大石の差料が大小の二刀いずれも相州物《そうしゅうもの》であり、付着した血の跡と刃の欠けた跡から吉良にとどめを刺したものと察せられる点を記すなど、詳細きわまりない考察が為されている。

数ある義士たちの愛刀の中でも、とりわけ有名なのは四十七士で随一の剣豪・堀部安兵衛《ほりべやすべえ》（1670～1703）が用いた大太刀《おおだち》だ。

江戸で堀内源太左衛門正春《ほりうちげんたざえもんまさはる》の道場に学んだ安兵衛が、仇討ちの良き協力者でもあった師の源太左衛門より、討ち入りの決行に際して貸し与えられた大太刀は、刀身が2尺8寸（約84㌢）ないしは2尺9寸（約87㌢）と伝えられる破格の仕様で、7尺（約210㌢）もの柄《つか》が着けられていたことから、合戦用の武具である長巻《ながまき》に近い形状だったと見なされる。襲撃に備える吉良邸へ突入し、一時間余りも繰り広げられた義士たちの戦いは小なりといえども、平和な時代に在っては合戦場に等しい様相を呈していたであろうことは想像に難くない。剣の達人であるはずの安兵衛が、合戦においては補助武器と位置付けられた刀だけでは安心できず、長巻さながらの威容を誇る大太刀まで持ち出したという事実こそ、吉良邸での生々しい激闘ぶりを如実に物語っているとは言えまいか。

友切丸《ともきりまる》・北辰丸《ほくしんまる》

所持者

花川戸助六《はなかわどすけろく》

DATA

歌　舞　伎：『助六由縁江戸桜』『黒手組曲輪達引』

好漢・花川戸助六

歌舞伎十八番でも屈指の人気を誇る『助六由縁江戸桜《すけろくゆかりのえどざくら》』は、江戸っ子の理想像ともいうべき花川戸助六《はなかわどすけろく》が胸のすく活躍を見せる、時代を超えて愛される傑作狂言だ。

正徳《しょうとく》３年（1713）に江戸山村座で初演された『花館愛護桜《はなのやかたあいごのさくら》』を原型とする『助六由縁江戸桜』は、江戸歌舞伎のパイオニアである市川団十郎《いちかわだんじゅうろう》家に伝わる台本が基になっている。市川家のオリジナル『花館愛護桜』の台本は、曾《そ》我兄弟《がきょうだい》の仇討《あだう》ち物語を根底に、曾我五郎時致《ごろうときむね》を助六、兄の十郎祐成《じゅうろうすけなり》を白酒売りにそれぞれ設定して、吉原《よしわら》遊廓で人気者の遊び人が、実は悲願の成就を願う仇持ちの若き武者であったという波乱万丈のストーリーである。

むろん、曾我兄弟が実在した平安末期から鎌倉初期には吉原遊廓は言うに及ばず、江戸という都市そのものが存在しなかったのだが、そこは官憲の制約を受けない自由な表現のために、設定を敢えて過去の時代にするという歌舞伎独自のお約束の演出であり、一種の様式美として楽しむことさえできるのでまったく問題はない。

なお、今日『助六由縁江戸桜』の題で上演される作品は、市川本家に対する遠慮から題を変え、曾我兄弟ものの設定を外した形になっている。

それでは『花館愛護桜』のあらましをご紹介していこう。

抜かせるためのゴロマキ三昧

花川戸助六は、吉原一の伊達《だて》男。三浦屋《みうらや》の揚巻太夫《あげまきたゆう》を恋人に持ち、廓内《くるわうち》に

満

ひとたび足を踏み入れれば、格子の中から差し出される吸い付け煙管（客への好意を示す遊女の手練手管《てれんてくだ》のひとつ）が雨霰という大もてぶりだ。見目形が良いだけではなく、助六は腕っぷしもめっぽう強い。高価そうな刀を差した者と見れば誰彼構わず喧嘩を売って回り、抜かせるまでは一歩も引かない。

まさに天下無敵の伊達男ぶりだが、宿敵の意休《いきゅう》も引けは取らない。江戸の闇の世界を仕切る者として隠然たる勢力を誇り、数多くの無頼漢《ぶらいかん》（ゴロツキ）を配下に抱える意休は、見事な白髪白髭をたくわえていることから「髭の意休」の異名を持つ、老齢ながら堂々たる偉丈夫だ。

意休は、助六が唯一刀を抜かせたことがない相手だった。揚巻に岡惚れする意休をからかい、あの手この手で挑発しても乗ってはこない。遊び人に身をやつし、父の仇の証拠である名刀・友切丸《ともきりまる》の行方を探している助六にとってはなんとも気になる存在だった。友切丸は源氏《げんじ》重代の宝で、助六の父を殺した仇に奪われた品なのである。つまり、友切丸を差している者が見つかれば、それが仇ということになるのだ。

白酒売りに身をやつして仇討ちの機会を待ち続ける兄から、喧嘩三昧の日常を諌められたのに対して理由を語り、逆にどうやって挑発すれば相手に刀を抜かせやすいかと兄に指南をしたりしながら、喧嘩屋ぶりに一層磨きをかける助六だったが、目指す友切丸は一向に見つからない。

そんなある日、ふとしたことから意休が刀を抜いた。香炉台を両断する見事な腕前を示したのは、助六兄弟が探し求めていた友切丸だった。

逸る心を抑え、助六は意休の帰り道を襲う。激しい斬り合いの末、ついに意休を倒して友切丸を取り戻した助六は揚巻に助けられ、吉原から落ち延びていく。

桜の咲き誇る吉原を後にして、大願を成就した助六は去っていく。華麗なる伊達男の復讐劇は、かくして幕が引かれるのであった。

助六ものに欠かせぬ名刀

通称「黒手組《くろてぐみ》の助六」または「世話の助六」で親しまれる『黒手組曲輪《くるわの》（花街）達引《たてひき》』は、歌舞伎十八番の名キャラクター・花川戸助六が主人公の世話物である。

安政《あんせい》5年（1858）3月に江戸市村《いちむら》座で初演された本作品は、歌舞伎十八番の大曲『助六由縁江戸桜』を、4世市川小団次《こだんじ》が演じるのに際して河竹黙阿《かわたけもくあ》弥《み》が翻案したもので、原作における伊達男と吉原の太夫のドラマティックな恋愛模様を縦糸にする一方、オリジナルの設定と登場人物を盛り込んで、新たな助六ものの世界を作り上げている。

この作品に登場する名刀が北辰丸《ほくしんまる》だ。源氏の重代の宝と設定された友切丸に対し、こちらは結城《ゆうき》家の重宝《じゅうほう》である。時代設定も元禄《げんろく》年間（1688 ～ 1704）の江戸とされている。

黒手組助六は、父の仇を探して吉原に通う伊達男だ。

恋人の三浦屋揚巻に横恋慕している剣術師範の鳥井新左衛門《とりいしんざえもん》と張り合う助六だったが、後ろ盾の紀文《きぶん》こと豪商の紀伊国屋文左衛門《きのくにやぶんざえもん》から喧嘩を禁じられ、暴力沙汰を起こさない誓いを立てていた。

助六の父・戸沢助之進《とざわすけのしん》は、年貢を納めるためにやむなく娘のお巻《まき》を吉原に売った百姓の新兵衛《しんべえ》が、身売りの代金を遊び人の牛若伝次《うしわかでんじ》にすり取られたのを助けようとして殺された。そのときに奪われた北辰丸の行方を探し出して仇の正体を突き止めるべく、助六は吉原に出入りしていたのだ。助六の父が助けた新兵衛の娘のお巻こそが、今や吉原一の人気太夫となった揚巻である。一方の新兵衛は江戸に残り、白酒売りを営みながら娘を見守っていた。

ある日、吉原で事件が起きた。三浦屋の新造《しんぞう》（見習い遊女）の白玉《しらたま》を、馴染み客の一人である近江屋《おうみや》の番頭・権九郎《ごんくろう》が連れ出したのだ。廓の者たちより早く異変に気付いたのが、白玉の情夫だった牛若伝次である。駆け落ちの段取りはすべて、白玉から筒抜けだったのだ。予定通りに上野池之端《いけのはた》で追い付いた伝次は白玉を取り返し、50 両の金まで奪い取って権九郎を池に突き落とす。奉行所の捕方に囲まれるが、すかさず伝次はその場に通りかかった新兵衛の白酒の荷に金を隠し、事なきを得る。吉原にやって来た新兵衛が鳥井の門弟に乱暴されていたのを助けた助六は、新兵衛が揚巻ことお巻の父と知って喜ぶ。しかし、いかに人助けとはいえ、喧嘩をしない誓いを破ってしまったことに変わりはない。それを理由に鳥井は助六に恥をかかせるべく、公然と折檻する。したたかに打ち据えられながら耐えた助六は、鳥井が抜いた刀を見て北辰丸と知る。父を斬った仇は鳥井だったのだ。

この一件を機に揚巻はお巻に戻り、助六の女房となった。身請《みう》けの金は新兵衛が荷の中に入っていた 50 両で賄い、親子 3 人水入らずの暮らしが始まる。収まらないのは金を横取りされた伝次と白玉だが、助六には恩義があるため強面には出られない。そこに降って湧いたのが助六への盗賊の疑いだった。新兵衛が出した金包みに近江屋の極印《ごくいん》があったためだ。助六は累が及ばないようにわざと愛想尽かしをしてお巻を離縁し、若い２人のために新兵衛は自ら罪をかぶろうとするが、伝次と白玉の自訴で許される。かくして難を逃れた助六はいよいよ仇の鳥井を討つべく、闘志をたぎらせるのだった。

COLUMN

歌舞伎十八番

荒事《あらごと》を創始した江戸歌舞伎のパイオニア・市川団十郎《いちかわだんじゅうろう》家に伝えられる18の演目を総称して、歌舞伎十八番《かぶきじゅうはちばん》と呼ぶ。

本書で取り上げた『助六《すけろく》』『暫《しばらく》』『矢《や》の根《ね》』をはじめ、奥州へ落ち延びていく義経《よしつね》・弁慶《べんけい》主従の絆《きずな》を描いた『勧進帳《かんじんちょう》』や、能『一角仙人《いっかくせんにん》』をベースとする、女性の色香に迷った仙人の墜落劇『鳴神《なるかみ》』などの人気作が数多い。この十八番の内訳は歴代の団十郎が主役を演じ、ヒットさせた演目の集大成である。

たとえば『鳴神』は初代の自作自演で、市川家ならではの荒事が冴える『助六』『矢の根』は２代目の創演、能の『安宅《あたか》』を大胆に改変した『勧進帳』は７代目の手に成る作品。市川家の歴代当主が精魂を傾けた結果、不動の人気を博して、今日まで絶えることなく演じられ続けているのだ。

十八番には、他に『毛抜《けぬき》』『景清《かげきよ》』『象引《ぞうひき》』『外郎売《ういろううり》』『押戻《おしもどし》』『不《ふ》動《どう》』『不破《ふわ》』『嫐《うわなり》』『関羽《かんう》』『七《なな》つ面《めん》』『解脱《げだつ》』『蛇柳《じゃやなぎ》』『鎌髭《かまひげ》』がある。

源氏との戦いの末に壇の浦で捕らえられ、断食して果てたと伝えられる平家の残党・平（藤原）景清（？～1195？）を主人公とする『景清』『関羽』『解脱』は、最期まで鎌倉幕府の専横支配に逆らった反体制者の英雄譚だ。現代演劇の稽古にも欠かせない早口ことば「武具馬具ぶくばぐ三ぶぐばぐ、合わせて武具馬具六ぶぐばぐ」の元になった口上が出てくる『外郎売』に、成田屋《なりたや》の屋号で知られる市川家の信仰厚い不動明王《ふどうみょうおう》がクライマックスに勇姿を現わす『不動』と、十八番にはユニークな演目まで網羅されている。

歴代団十郎の芸の集大成というべき十八番も、すべてが今現在も上演されているわけではないが、知名度抜群の『勧進帳』に定番作の『助六』『鳴神』、豪快な演出で魅了する『暫』と、不動の人気を誇る数々の演目は、やはり歌舞伎の華と呼ぶにふさわしい。

青江下坂《あおえしもさか》

所持者

福岡貢《ふくおかみつぎ》・春藤次郎右衛門《しゅんどうじろうえもん》

DATA

歌舞伎・文楽：『伊勢音頭恋寝刃』
文　　　楽：『敵討襤褸錦』
民間伝承：「にっかり青江」伝説

籠釣瓶と並ぶ、稀代の妖刀

歌舞伎には、妖刀がしばしば登場する。

数々の辛酸《しんさん》を舐めさせられた主人公が己の心の弱さに勝てず、刀を手に大量殺人へとひた走るストーリーに欠かせない、小道具としての妖刀とは歌舞伎独特の残酷美を引き立てて止まない存在なのだ。もちろん現実には決して起きてはならない状況だが、フィクションたる歌舞伎、そして文楽にしばしば登場する妖刀は、人の心の闇の象徴として観客に尽きない興味を与えてくれる。

歌舞伎と文楽の双方で人気の世話物『伊勢音頭恋寝刃《いせおんどこいのねたば》』に登場する青江下坂《あおえしもさか》は、籠釣瓶《かごつるべ》（p90参照）と並んで有名な妖刀である。

世に名高い十人斬りの妖刀・青江下坂が彩った悲劇の筋立てを、まずはご紹介しよう。

刀に振り回された男の悲劇

伊勢国《いせのくに》（三重県）古市《ふるいち》で実際に起こった事件を題材とする、近松徳三《ちかまつとくぞう》作の歌舞伎『伊勢音頭恋寝刃』は、寛政《かんせい》8年（1796）7月に大坂で初演された。

舞台は伊勢古市の廓、屋号は油屋《あぶらや》。華やかな色町の裏側では、失われた一振りの名刀を巡る暗闘が展開されていた。阿波徳島《あわとくしま》藩の家老職を勤める名家・今田《いまだ》家から、折紙《おりがみ》（鑑定書）ともども盗み出されてしまった家宝の青江下坂を取り戻すべく、今田家の若殿の万次郎《まんじろう》は伊勢に来ていた。しかし、名刀はなかなか見つからず、やる気を失った万次郎は今や油屋に入り浸りという始末だった。当初の目的を見失い、酒食遊興に現《うつつ》を抜かす若殿には、今田家乗っ取りを目論んで刀を盗んだ犯人の徳島岩次《とくしまいわじ》と、その悪党仲間である藍玉屋北六《あいだまやきたろく》が、まさか同じ店で連日連夜の遊興に耽っていたとは気付く由もなかった。

そんな万次郎を助け、阿波へ帰すべく忠義を尽くすのが、主人公の福岡貢《ふくおかみつぎ》だ。貢は武家の生まれだが伊勢の地へ養子に出され、今は御師《おんし》（神官の補助職で宿坊の経営や参詣人の案内役などもする）となっていた。かつて今田家に恩を受けたことのある貢は、やる気を失った若殿のために奔走する。元は武士とはいえ今はなんの後ろ盾もない貢だが、彼には油屋お抱えの遊女のお紺《こん》、そして店の料理番の喜助《きすけ》という2人の心強い協力者がいる。お紺は相思相愛の仲であり、喜助は貢に旧恩のある身だった。

ついに、貢は岩次一派から気付かれぬうちに刀を奪い返す。だが、肝心の折紙は、まだ岩次の手元に残っている。そんな折も折、お紺が満座の中で貢に愛想尽かしをするという事件が起きた。お紺の裏切りに、貢は絶望を隠せない。店の裏方を仕切る仲居・万野《まんの》の取り持ちで、かねてより自分に岡惚れしていた岩次に身請《みう》けされることに決まるお紺。だが、その真意は岩次に乗り換えたと見せかけておいて周囲を油断させ、愛する貢のために折紙を奪うことにあった。

しかし当の貢はといえば、岩次一派に加担する万野から再三の嫌がらせを受け、次第に心を病みつつあった。喜助が安全を期して預かってくれていた青江下坂の刀を受け取って帰る途中、それを偽物と思い違えるほどの疑心暗鬼に陥った貢は、自分に変わらぬ誠を尽くしてくれるお紺と喜助の真意を知ることもなく、油屋で万野を血祭りに上げたのを手始めに、十人斬りの凶行にひた走っていく……。

名刀は、今や完全なる凶器、稀代の妖刀へと変じていた。互いに尽くし尽くされていた、固い絆で結ばれていたはずの貢、お紺、喜助の誠の心も空しく、今田家の家宝という呪縛から解放された青江下坂は、我を奪わんとした悪しき心を持つ者どもの生き血を啜るだけでは飽き足らず、無関係な人々をも巻き込んでの修羅場を現出させていくのである。

これを悲劇と言わずして、なんとしよう。

歌舞伎と文楽の名演目

名家から消えた宝剣・青江下坂を取り戻さんとする善人たち、奪った宝を渡すまいと策を弄《ろう》する悪人たちが、それぞれの協力者を交えて廓を舞台に入り乱

れるストーリーは、かつての主家に忠義を立てようと宝剣奪回に奔走する日々の中、心身ともに疲弊してしまった福岡貢の十人斬りで幕を閉じる。自ずと鞘が割れ、貢のやり場のない怒りを代弁するかのごとく血を吸っていく『伊勢音頭恋寝刃』の青江下坂は、まさしく妖刀以外のなにものでもなく、観る者の心を凍らせずに置かない凶器なのである。歌舞伎では貢が万野と揉み合っている最中、ひとりでに鞘が割れてしまうという演出が施されており、貢の意志と関わりなく次々に人を斬っていく妖刀の効果を高めているのだ。一方、文楽では万野が刀をすり替えた張本人と思い込んだ貢が油屋へ引き返していき、彼女を斬ってしまうというストレートな展開になっている。

ちなみに、文楽『伊勢音頭恋寝刃』の初演は天保《てんぽう》9年（1838）7月のこと。人形浄瑠璃の発祥の地である大坂にて人気を博し、明治の世を迎えてからも上演されたが、大正時代からはクライマックスの十人斬りの場のみが独立して演じられるようになり、現在に至っている。

妖刀のみにはあらず

このように200年に及ぶ時を経て一層の磨きがかけられ、稀代の妖刀として知られるようになった青江下坂だが、決して、血塗られた残酷美を彩るだけの禍々《まがまが》しい存在ではない。

青江下坂が登場する作品には、もうひとつ、文楽『敵討襤褸錦《かたきうちつづれのにしき》』が挙げられる。元文《げんぶん》元年（1736）大坂竹本《おおさかたけもと》座初演の『敵討襤褸錦』は、亡き父の仇討《あだう》ちに力を尽くす、春藤次郎右衛門《しゅんどうじろうえもん》・新七《しんしち》兄弟の悲願が成就されるまでを描いた波乱万丈の物語だ。

ここに出てくる青江下坂は、次郎右衛門の無二の愛刀である。仇討ちの道中で落ちぶれた兄弟は浮浪の徒となるが、痛風を病みながら次郎右衛門が杖《つえ》に仕込んで手放さずにいた青江下坂は、春藤兄弟の身元の証明として劇中で有効に機能する。図らずも、悪人たちの思惑に乗せられ、次郎右衛門の生命を奪いかけた剣の達人・高市武右衛門《たけちぶえもん》と息子の庄之助《しょうのすけ》がその身元と本心を知り、クライマックスにおいて兄弟の仇討ちを助ける大団円を迎えることができるのも、青江下坂という一振りの利剣の存在があればこそなのだ。

稀代の妖刀と利剣。フィクションの世界において、正反対の要素を発揮する青江下坂は、まことに不思議な存在といえるだろう。

古刀の名流・青江派

実際の青江下坂とは、どのような刀だったのかを以下に見ていこう。

青江派は平安時代の末期、備中国《びっちゅうのくに》（岡山県）青江（倉敷市上東）の地に端を発する名工一門だ。平安末期の保安《ほうあん》年間（1120 ～ 24）から鎌倉時代初期を経て、鎌倉中期の暦仁《りゃくにん》年間（1238 ～ 39）頃までを「古《こ》青江派」、暦仁年間から南北朝末期の応永《おうえい》年間（1394 ～ 1428）頃までを「中《ちゅう》青江派」、室町時代を「末《すえ》青江派」と区分する。

刀剣史上では、平安時代中期から桃山《ももやま》時代末期までを古刀《ことう》期と称するが、青江派は古刀期のほぼ全般にわたって活躍したという点においても、特筆に値する刀工一門のひとつなのである。ちなみに、青江下坂とは下坂在住の青江派という意味だが、実在する一門の名称ではない。『伊勢音頭恋寝刃』『敵討襤褸錦』の二大作品に取り上げられたことで有名になった青江下坂は、あくまでも架空の存在と認識しなくてはならない。

とはいえ、歌舞伎に文楽とフィクションの素材に取り上げられたということは、江戸時代当時において庶民層での知名度が高かった事実の裏返しだったのではないか、とも考えられる。大小の二刀を身分標章として常に帯びる義務を課せられており、いかに天下太平といえども刀に関心を抱く者が少なくなかった武士はともかく、庶民は概して無関心である。しかし歌舞伎も文楽も、主な客は武士ではなく、庶民の男女である。その庶民が聞いたこともないマイナーな刀では、いかに悲劇を引き起こす家宝の名刀と設定されていても、説得力が出てこない。刀に無関心な庶民でも知っている有名な刀なればこそ、はじめて劇中にて効果的な小道具として機能し得るはずだからだ。

青江派の名を高めたのは、愛刀家として知られる後鳥羽《ごとば》上皇の御番《ごばん》鍛冶を務めた貞次《さだつぐ》、恒次《つねつぐ》、次家《つぐいえ》の３兄弟である。名刀蒐集と鑑定を趣味とするのみならず、自ら作刀することにも並々ならぬ関心を抱き、後世に菊御作《きくぎょさく》と称される太刀《たち》を鍛えたことで知られる、後鳥羽上皇のお抱えとなった３兄弟のうちでも恒次は、備前守《びぜんのかみ》の受領《ずりょう》名を授かっている。

この恒次は承元《しょうげん》年間（1207 ～ 11）の刀工で、青江派の作刀で最も知名度が高い「数珠丸《じゅずまる》恒次（実測 81.08㌢）」の作刀者として名高い。日蓮上人《にちれんしょうにん》の守り刀として天下五剣《てんかごけん》の一振りに数えられる数珠丸恒次は、日蓮が甲斐国《かいのくに》（山梨県）身延山《みのぶさん》を文永《ぶんえい》11 年（1274）に開山した折、信徒から寄進されたもので、手元に近い元身幅《もとみはば》が広く、剣尖《けんせん》に近い先《さき》身幅が狭い、平安時代に理想とされた優美な太刀姿の条件を満たしている点が興味深い。平安末期から鎌倉初期の、優美な太刀が求められた時代に勃興した青江派の諸工は時代が下るにつれて短刀や平造《ひらづく》り小脇差《こわきざし》、さらには南北朝の動乱において徒歩《かち》武者が用いた長巻《ながまき》も多く手がけた。室町時代の末青江に至り、衰退を余儀なくされたが、善くも悪くも各時代のニーズを汲み取っての作刀に励んだ点が、世に広く知られるようになった所以《ゆえん》といえるだろう。

COLUMN

名刀ならではの妖刀伝説

もう一振り、青江派にゆかりの名刀が現存する。

無銘ながら江戸時代に青江派の刀工の作と折紙を付けられ、現在は香川県の丸亀市立資料館に所蔵されている「にっかり青江」1尺9寸9分（約59.9㌢）である。

“にっかり”とは奇妙な響きの異名だが、徳川幕府の刀剣極所《きわめどころ》を代々務めた本阿弥《ほんあみ》家が無代《むだい》、すなわち天井知らずの高値と鑑定した「にっかり青江」は化物斬りの伝説を持つ名刀なのだ。出典は、刀剣趣味で名高い徳川8代将軍の吉宗が本阿弥家に編纂させた『享保名物帳《きょうほうめいぶつちょう》』、戦国乱世の逸話を集めた『常山紀談《じょうざんきだん》』、名家として知られる京極《きょうごく》家の伝承、と3つが確認されている。なかでも江《こう》州《しゅう》（滋賀県）佐々木《ささき》家の武将・狛丹後守《こまたんごのかみ》が、夜道でにっこり笑いかけてきた女を化物と見破って、一刀の下に首を斬り飛ばしたとする京極家説がよく知られる。他の説も、女の化物の首を斬ったという点は同じで、斬れ味鋭い剛刀という認識は一致している。

脇差並みの1尺9寸9分では、人外の化生《けしょう》の首を斬り飛ばしたにしては短いと不思議に思われるかもしれないが、伝説の刀となった当時の「にっかり青江」は、2尺5寸（約75㌢）の堂々たる太刀だった。狛丹後守から柴田勝家《しばたかついえ》、丹羽長秀《にわながひで》・長重《ながしげ》の手を経て京極家に伝承された頃には脇差になっていたものの、茎に残された丹羽父子の所持銘（息子の長重の名前といわれる）は途中で切れており、もともとは長い太刀や刀を茎の端の部分から切断し、磨り上げて短縮加工された跡が明らかだからである。磨り上げられた理由は、勇将だった父の名跡を継げずに没落した長重が己を恥じ、後世の人にこれは偉大な父・丹羽長秀の刀だったと思われたかったからではないか、との説も唱えられており、まことに興味深い。幾多のフィクションにも劣らない、さまざまな謎と魅力を秘めた一振りなのである。

『暫《しばらく》』の大太刀《おおだち》

所持者

鎌倉権五郎《かまくらごんごろう》

DATA

歌　舞　伎：『暫』

十八番の荒事

梨園《りえん》の名門・市川団《いちかわだん》（團）十郎《じゅうろう》家が代々受け継ぐ定番の演目に、歌舞伎十八番がある。書いて字のごとく全18種の演目から成り、江戸時代後期に7世団十郎が制定したものだ。得意な芸を指して、俗に十八番というのはここから来ている。

これからご紹介する鎌倉権五郎《かまくらごんごろう》は、歌舞伎十八番のひとつに数えられる荒事《あらごと》『暫《しばらく》』の主人公だ。豪快な太刀捌《たちさば》きが見どころの、典型的な荒事師の役柄である。ちなみに荒事とは、鬼や英雄などが登場して派手な動きを披露する演目の総称で、町人文化が華開いた元禄《げんろく》年間（1688 ～ 1704）に初世団十郎が創始した。『暫』も、同じく初世が演じた元禄5年（1692）正月の江戸森田《もりた》座『大福帳朝比奈百物語《だいふくちょうあさひなひゃくものがたり》』の一場面から生まれたといわれるが、現存する歌舞伎狂言の史料から、正式な原題は元禄10年（1697）の『参会名護屋《さんかいなごや》』と見なされる。現行の内容は9世団十郎が明治28年（1895）に演じた、福地桜痴《ふくちおうち》脚本が基本となっている。

勧善懲悪の定型

現在も江戸歌舞伎の伝統を踏襲し、毎年11月の顔見世《かおみせ》には欠かせない一番目（時代物）三建目（序幕）として上演される『暫』の筋立てを見ていこう。

場所は鎌倉の鶴岡八幡宮《つるがおかはちまんぐう》。悪公卿が自分に従わない善男善女を斬刑に処そうとしているところに、

「しばらく、しばらく」

と声を上げながら、主人公の鎌倉権五郎景政《かげまさ》が登場する。

大小の刀に加えて長大な大太刀《おおだち》、その名も長い「萌黄塗皮柄黒塗胴金入太《もえぎぬりかわづかくろぬりどうがねいりた》刀《ち》」をたばさんだ権五郎は、悪公卿の威光をものともせずに、説得力溢れる台詞の応酬で黙らせ、居並ぶ配下たちの首を大太刀の一振りで斬り飛ばすと、囚われの善男善女を解放して颯爽と花道を去っていく。

筋立てそのものは単純明快な勧善懲悪で、TV 時代劇のクライマックスシーンを連想させる内容であるが、豪奢な衣装と舞台装置、さらには人形を用意しての首斬り場面など、歌舞伎独特の演出のフィルターを通すことによって、不思議な存在感が醸し出される。

もとより『暫』において、リアリティーを追求することは目的とされていない。主人公が「しばらく」と登場し、善人を助け出すクライマックスに至ることができれば、それでいいのである。

現実に、このようなヒーローが存在するはずはない。とはいえ、TV や映画はもちろんのこと、ゲームも存在しなかった江戸時代、派手な動きで見得を切り、悪人を成敗する権五郎のキャラクター像が庶民たちの溜飲を大いに下げたであろうことは想像に難くない。

王道の時代劇のみならず、ヒロイック・ファンタジーの世界にも当てはめることが可能な、まさしく古今に共通する勧善懲悪の典型例を、私たちは『暫』の中に見出すことができるのである。それは決して古びることのないフィクションの一典型であり、創作に携わる者にとっては珠玉の題材なのだ。

隻眼の若き英雄

人間離れした活躍を見せる権五郎は、実在の人物である。

生没年は不詳ながら、平安時代末期の鎌倉を本拠とした源氏《げんじ》方の武士の一族の子で、16 歳の時に 源 義家《みなもとのよしいえ》の家人《けにん》として従軍し、出羽金沢柵《でわかなざわさく》の攻略戦において手柄を立てた。その武勇伝が凄まじい。敵将の矢に片方の目を射抜かれながらも、権五郎はすかさず反撃の一矢を放って討ち取り、その武功を大いに称えられたという。その後、相模国《さがみのくに》（神奈川県）大庭御厨《おおにわみくりや》の開発領主に任じられた権五郎は子々孫々まで栄えた。出生地である鎌倉市坂ノ下《さかのした》の御霊《みたま》神社に祭られているのみならず、侵略を受けた奥羽地方においてさえも権五郎を神として信仰する風習が広く行われていたという。弱冠 16 歳で出陣し、瀕死の重傷を負いながらも不屈の闘志を示したことが、伝説の英雄として語り継がれた

暫

最大の理由なのであろう。荒事の典型ともいうべき『暫』の主人公に取り上げられたのも、頷ける話である。

フィクションの主人公としての権五郎は、ただ単に人間離れした活躍を見せるから凄いのではない。16歳の少年が、理不尽な大人《おとな》たちの権威に屈することなく正義を通すからこそ痛快なのであり、だからこそ観る者は現実には有り得ないと承知の上で、派手派手しい演出を理屈抜きに楽しむことができるのである。

リアルな力の象徴

権五郎が『暫』のクライマックスで振るう大太刀は、先に述べたように正式な名称を萌黄塗皮柄黒塗胴金入太刀という。むろん実物ではなく、木製の小道具なのだが、見るからに豪壮な拵《こしら》えは観客を圧倒させずに置かない。

作り物で、抜き差しすることができない構造上、鞘ぐるみのものと抜き身の2種類が用意される『暫』の大太刀の寸法は、前者が211㌢で後者が212㌢。抜き身のバージョンのほうが、ほんのわずかだが長めに作られているようだ。

四角形の鍔《つば》の地肌は金地で、三升《みます》といわれる意匠が施されている。文字通りに大中小の升を3つ重ねたデザインで、長尺の刀身に見劣りのしないだけの、がっしりした造りが魅力である。

「太郎太刀・次郎太刀」の項（p94参照）でご紹介したように、南北朝時代から戦国時代にかけて並の刀よりも遥かに長大な大太刀が作られ、合戦用の武具として実用に供されたのは事実である。大太刀のルーツが鎌倉時代から室町時代の野太刀《のだち》だったことを鑑みると、官憲のお咎《とが》めを避けるために鎌倉時代が主な舞台とされた歌舞伎の中に、こういった武具が登場しても不自然ではないし、むしろリアルと言えるのではないだろうか。

確かに『暫』の筋立ては荒唐無稽であり、浮き世離れした派手さと豪快な演出で成立する世界である。大太刀を振るっての悪人退治にしても現実には絶対に不可能な場面に違いない。とはいえ、すべてが作りごとというわけではなく、権五郎の大太刀が実際に用いられた武具に相通じる刀剣となれば、そこにリアリティーが生まれる。時代考証を踏まえて造型された小道具の存在が、虚構のストーリーに確かな説得力を持たせ、効果を発揮するのは自明の理。『暫』の大太刀は実在の鎌倉武士をモデルとする主人公の愛刀にふさわしい、リアルな力の象徴といえるのではないだろうか。

「荒事《あらごと》」の三本太刀《さんぼんだち》

所持者

松王丸《まつおうまる》・和藤内《わとうない》・曾我五郎《そがごろう》

DATA

歌　舞　伎：『菅原伝授手習鑑』『国性爺合戦』『矢の根』

荒事に欠かせぬ重装備

ごく大まかな言い方をさせていただけば、歌舞伎の演出は、「和事《わごと》」と「荒《あら》事《ごと》」の2種類に大別することができる。一般に、歌舞伎といえば艶やかな女《お》形《やま》が登場する華やかなイメージが強いが、アクロバチックな動きで観る者を圧倒する演出方法も歴として存在する。それが荒事である。

荒事といえば、欠かせないのが大太刀《おおだち》と三本太刀《さんぼんだち》だ。

大太刀とは書いて字のごとく、並の刀よりも長くて大きいサイズの太刀を指す。歌舞伎の小道具の大太刀は、寸法200センチ。刀身だけではなく柄《つか》までを含めた全長であることを割り引いて考えても、優に5尺（約150センチ）を超える刀身となれば、尋常な長さではない。

さて、続いては本題の三本太刀である。

書いて字のごとく、3振りの太刀を装備することを指してこう呼ぶわけであるが、大太刀には及ばないまでも、三本太刀はかなり長めに作られている。

大が183センチ、中が142センチ、小が109センチ。

全長を示しただけでは実感しにくいかもしれないが、宮本武蔵の好敵手としておなじみの剣豪・佐々木小次郎《ささきこじろう》の愛刀として有名な大太刀、通称「物干竿《ものほしざお》」が刀身3尺1寸（約93センチ）だったことを踏まえて考えれば、三本太刀がいかに長いものばかりか、お察しいただけるのではないだろうか。

ちなみに、柄を全長の4分の1前後と見なして計算すれば、おおよその長さで大は4尺5寸（約135センチ）、中は3尺5分（約105センチ）、小でさえ2尺7寸（約81センチ）に達する見込みとなる。

迫力に満ちた登場作品

この三本太刀が登場する作品には、傑作と呼ばれるものが多い。

時代物として『義経千本桜《よしつねせんぼんざくら》』『仮名手本《かなでほん》忠臣蔵《ちゅうしんぐら》』と並ぶ三大傑作に数えられる『菅原伝授手習鑑《すがわらでんじゅてならいかがみ》』。海を超えて展開される雄大なストーリーが魅力の『国性爺合戦《こくせんやかっせん》』。さらには、荒事のテイストを備えながらも独特のユーモアなムードを併せ持った佳品『矢《や》の根《ね》』と幅広い。

まずは『菅原伝授手習鑑』を見ていこう。

延享《えんきょう》3年（1746）8月に大坂竹本《おおさかたけもと》座で初演された浄瑠璃を基にして同年の9月、京都の中村喜世三郎《なかむらきよさぶろう》座で歌舞伎化された本作品では、悲劇の秀才として名高い菅丞相《かんのしょうじょう》（菅原道真《すがわらのみちざね》）の生々流転劇を縦軸に、豪傑・松王《まつおう》（松王丸）を筆頭とする3兄弟の活躍が描かれる。

松王、梅王《うめおう》（梅王丸）、桜丸《さくらまる》の兄弟は3つ子で、固い血の絆で結ばれていながらも菅丞相に仕える梅王と、丞相の失脚を画策する藤原時平《ふじわらしへい》（歴史上では“ときひら”）に仕える松王とが葛藤を余儀なくされるなど、封建制度下の主従関係の縛りに苦悩する設定が採られており、2人の兄の対立に苦悩する末弟・桜丸が懊悩《おうのう》の果てに死を選ぶなど、悲劇的な要素も随所に盛り込まれている。

悪人とはいえ無二の主君である時平を裏切れない松王が、丞相の一粒種の少年・秀才《しゅうさい》の首を取ってくるように命じられ、わが子を身代わりにすることで丞相への恩義に報いる四段目「寺子屋」は、全編の中でもとりわけ有名な場面だ。三本太刀の豪傑であると同時に、人としての情を漂わせて止まないキャラクターだからこそ、松王は魅力的と言えるだろう。荒事のダイナミックな演出と、涙を隠して首実験をする泣きの場面との対象の妙があればこそ、その人物像も際立つからである。

菅原道真像

織豊・江戸

中国（明国《みん》）人の父と日本人の母の間に生まれた、猛虎退治の若武者・和《わ》藤内《とうない》が主人公の『国性爺合戦』は、明王朝の忠臣としてアジア全域の海を駆け巡り、清《しん》帝国に滅ぼされた王朝を再興するべく活躍した実在の人物・鄭成《ていせい》功《こう》をモデルにした英雄譚《えいゆうたん》だ。

正徳《しょうとく》5年（1715）11月から3年越しで上演された近松門左衛門《ちかまつもんざえもん》作の浄瑠璃がオリジナルで、早くも1年後の享保《きょうほう》元年（1716）秋に京の都万太夫《みやこまんだゆう》座で歌舞伎化されている。

江戸にもたらされ、2世市川団十郎《いちかわだんじゅうろう》の当たり役となった和藤内は、虎をも倒す猛者であり、清王朝に滅ぼされた明国の失地回復のために立ち上がる英雄にふさわしく、三本太刀を着けたキャラクターに造型された。役者間の対立で刺殺された初世の跡を受け継いだ2世団十郎にとって、和藤内は荒事師として大成する上で、少なからぬ効果をもたらした役柄だったといえるだろう。

曾我兄弟《そがきょうだい》物の『矢の根』は、剛力無双の巨漢・曾我五郎時致《ごろうときむね》が主人公の作品だ。父の仇《かたき》の工藤祐経《くどうすけつね》を討つ宿命を背負った曾我十郎・五郎の兄弟の流転の日々のエピソードが綴られた曾我兄弟物の中でも、この『矢の根』は異色作と呼ぶにふさわしい。

内容は五郎が夢の中で兄の危機を救うべく馬を飛ばして駆け付けるというもので、筋立てが単純であるがために五郎のキャラクター描写がむしろ際立っている。題名にもなっている矢の根（矢じり）は愛刀の三本太刀と同様に、尋常ではないほど巨大なもので、無双の巨漢という人物像が実にわかりやすく、観る者に伝わってくる。

能の世界では、父の仇討ちに殉じる悲劇のキャラクターというのが曾我兄弟の定型であったが、享保12年（1729）1月に2世団十郎が江戸中村《なかむら》座にて『扇恵方曾我《すえひろえほうそが》』の一場面として初演した『矢の根』は、荒事でありながらユニークな内容で大当たりを取り、天保《てんぽう》3年（1832）には7世団十郎が歌舞伎十八番に選ぶに至った。

三本太刀のルーツ

歌舞伎の小道具としての三本太刀は木製のため、まとめて装備することも可能なのだが、これが本身の刀であれば、きわめて難しいと言わざるを得ないだろう。ところが、刀剣が武具として行使されていた時代、実際に3本もの太刀を身につけて行動する人々がいたことをご存じだろうか。

荒事の創始者である初世市川団十郎は、甲州《こうしゅう》（山梨県）の出身だったと伝えられる。甲州といえば武田信玄《たけだしんげん》のお膝元であり、信玄は山岳武士団を有力な味方として利用したことでも知られる。険しい山野を住処《すみか》とし、自在に駆け巡った山岳武士団は野武士の集団だった。腰に二振り、背中に一振りと計3振りもの太刀を身に着ける、独特の習俗を基にして、荒事の扮装が考案されたのではないか……とする説は初世団十郎の祖先が武田家の旧臣であり、野武士だったという伝説から生まれたものだ。

歌舞伎の演出上、三本太刀は武勇を表現する方法とされている。それが市川宗家の創始者の考案であり、戦国乱世には実際に行われていた習俗に根ざしているとなれば、歌舞伎の誕生から幾百年余を経た現代においても舞台に迫力を漂わせて止まない、無双の小道具として機能するのも頷ける話である。

日吉丸《ひよしまる》

所持者

武智《たけち》（明智《あけち》）光秀《みつひで》

DATA

歌　舞　伎：『時桔梗出世請状』

反逆者・明智光秀

歌舞伎の時代狂言の傑作のひとつに数えられる、4世鶴屋南北《つるやなんぼく》作『時桔梗《ときもききょう》出世請状《しゅうせのうけじょう》（時今也桔梗旗揚《ときはいまききょうのはたあげ》）』の主人公は、悲劇の戦国武将・明智光秀《あけちみつひで》である。文化《ぶんか》5年（1808）7月に江戸市村《いちむら》座で初演された本作品は、光秀が主君の織田信長を討つことを決意し、堂々の下剋上を敢行するまでの物語だ。

信長軍団の智将として名高い光秀が、何故《なぜ》に無謀とも言える本能寺《ほんのうじ》攻めに踏み切らなくてはならなかったのか。この戦国史上の一大ミステリーについては古来より多くの仮説が立てられており、信長との確執から謀叛を決行したという見方が定着して久しい。そんな光秀の人物像は、「太閤記《たいこうき》物（豊《ほう》太閤出世物語）」を通じて生み出されたものである。

江戸時代に人気を集めた文芸・芸能に、太閤記物というジャンルが存在した。信長の後継者として戦国乱世の統一を果たした豊臣秀吉を主人公とする一連の太閤記物に、光秀は実名の悪役として登場している。天正《てんしょう》10年（1582）6月2日黎明に本能寺への奇襲を成功させたのも束の間、遠征先の中国地方からすかさず取って返した秀吉（当時の名前は羽柴秀吉）との決戦に光秀は完敗し、悲惨な末路を迎えているからである。

画期的だった『絵本太功記』

つまりは生前のみならず、フィクションにおいてさえも、好敵手である秀吉の引き立て役を長い間勤めてきたわけだが、単純な悪役というだけに終わらない光秀の人物像が明確になったのは、寛政《かんせい》11年（1799）7月に大坂豊竹《おおさかとよたけ》座で初演された浄瑠璃『絵本太功記《えほんたいこうき》』である。

江戸時代の創作に史実上の人物が登場する場合の常として、差し障りのないように光秀は「武智《たけち》光秀」、信長は「小田《おだ》（尾田）春永《はるなが》」、秀吉は「真柴久吉《ましばひさよし》」とそれぞれ仮名で記される。

復讐する者、される者、事態を収拾する者と三者三様の役割を担う男たちのドラマは、光秀が謀叛を起こしてから殺害されるまでの 13 日間が全 13 段でドキュメンタリータッチに演じられるという構成。暴君は忠臣の光秀に度重なる理不尽な虐待を加えた報いとして、報復の憂き目を見るのだ。起伏に富むストーリー展開の中、光秀が単純な悪役ではなく複雑な葛藤を抱えた人物として好意的に描かれたことにより、以降の太閤記物は秀吉の栄華を称えるだけにはとどまらない、現代人にも共感できる側面を内包するに至ったのである。

ちなみに『絵本太功記』は、浄瑠璃で初演された同年の 11 月には早くも歌舞伎化が実現。現在では春永（信長）が討たれた後、久吉（秀吉）ら敵対勢力との決着に向けて、光秀とその一族が不倶載天の決意を固める姿を描いた、十段目「尼ヶ崎閑居《あまがさきかんきょ》」のみが太十《たじゅう》（『太功記』十段目の略）の異名で上演されている。

遺恨の陰に名刀あり

時代が下り、太閤記物の決定版として登場した『時桔梗出世請状』では光秀が一人の人間としての尊厳ゆえに、謀叛と承知の上で信長抹殺に立ち上がるまでの過程が丹念に描かれる。

ここで重要な役割を担う小道具が、名刀・日吉丸《ひよしまる》だ。

本能寺の変の勃発から光秀の最期までの流れをドキュメント風に追っていく『絵本太功記』に対し、この『時桔梗出世請状』では、どうして光秀が主殺しをしなければならなかったかが、背景となったさまざまな事件を通じて解き明かされている。

有名な勅使饗応の失敗談を始めとする、一連の大小の事件は、いざ当事者となれば誰もがキレずにはいられないほど、誠に理不尽なものばかりなのだが、その中に日吉丸を巡るエピソードがある。

日吉丸に関わる部分のストーリーを、以下にご紹介していこう。

皮肉な巡り合わせ

久吉（秀吉）軍勝利の朗報を待ち侘びながら、本能寺に陣を構えた春永（信長）は、同行させた光秀に数々の理不尽な仕打ちをする。

さすがにいじめの種が尽きたかと思いきや、持ち出したのはかねてより光秀が所望していた名刀・日吉丸だった。

いかに手酷い虐待を加えても、やはり家臣への一抹の温情は残っていたかと思いきや、日吉丸は新参者の中尾弥太郎《なかおやたろう》に授けられた。それも光秀の目の前での出来事だった。

春永は、さらに残酷な仕打ちをやってのける。なにを考えたのか女の切り髪を一束、光秀に下げ渡そうとしたのだ。

不可解な行動の理由は、続く春永の一言ですぐに知れた。

「光秀、流浪のその砌《みぎ》り、越前の国に忍び住む。珍客来《きた》れど饗《もてな》しの価《あたい》に尽きしその折から、妻がやさしき志、わずかの鳥目《ちょうもく》（お金）得んために、根よりふっつと切髪を、旅商人に売り代《だい》なす。その節求め来りしはこの春永が間者《かんじゃ》の武士。」

春永に召し抱えられる以前の光秀は仕官先に恵まれず、諸国を流浪していた時期があった。当然ながら懐具合は苦しい。そんな折に遠来の客をもてなすため、妻が髪を売って金を作ってくれた。そのときの髪が今、たまたま旅商人に化けて越前《えちぜん》（福井県）を探索中だった春永の密偵の手を経て、横暴なる主君の掌中に在るのだ。

皮肉な巡り合わせとしか言いようがない。

満座の中で恥をかかされた以上に、自分のみならず糟糠《そうこう》の妻の尊厳をも傷付けられたことが、いかに光秀を苦悩させたかは想像に難くない。

それでも光秀は耐えた。

耐えて辞去し、愛宕山《あたごやま》の宿所に戻っていくのだった。

復讐の刃を手に

そこに、最後の追い討ちが来た。春永の命令を伝える上使として、中尾弥太郎が愛宕山に現れたのである。左腰には、拝領されたばかりの日吉丸をこれ見よがしに佩《は》いている。

伝えられたのは、光秀の所領である丹波《たんば》と近江《おうみ》の２カ国を没収するという命令だった。すべてを聞き終えた光秀は切腹を望み、白装束を身に付けて三《さん》

方《ぼう》の前に座る。しかし、光秀が遂げようとしたのは同じ死でも、春永の望みとはまったくの別物であった。その場に立ち合った中尾の日吉丸を奪い、一刀の下に斬り捨てた光秀は、力強く三方を踏み砕く。人としての尊厳を取り戻すべく、決然と立ち上がったのだ。中尾を血祭りに上げて復讐の刃と化した日吉丸は今、最も望ましい持ち主である光秀の手の中で、妖しい光を放っていた。

COLUMN

明智光秀人物伝

明智光秀《あけちみつひで》は謎の多い人物だ。

強力な庇護者を求める室町幕府15代将軍・足利義昭《あしかがよしあき》を織田信長に仲介し、そのまま仕官を果たすまでの前歴がはっきりせず、美濃《みの》国（岐阜県）出身の武士の子としか分からない光秀が信長に仕えて10年足らずで一国一城のあるじにまでのし上がったのは、浪人時代に身につけた城攻めと鉄砲術を遺憾なく発揮した成果だった。かの羽柴（豊臣）秀吉など、数々の優秀な人材を抱えていた信長の配下でも指折りの逸材と言っていい。

そんな光秀が信長を本能寺に襲い、前代未聞の下剋上を敢行したのは天正《てんしょう》10年（1582）6月2日のことだった。

謀叛の理由は、ご紹介した『時桔梗出世請状《ときもききょうしゅうせのうけじょう》』のように度重なる理不尽な仕打ちをされたためというのが定説だが、中国攻めで秀吉以下の重臣たちが不在のチャンスを狙い、天下を奪うべく計画的に事を進めたとする説も有力視されている。

真相は藪《やぶ》の中だが、信長の死を知って駆け付けた秀吉との決戦に敗北した光秀の天下はわずか3日（正しくは12日）で終わりを告げ、落ち延びる途中で土民の竹槍に貫かれて落命した。死んだのは実は影武者で、本物の光秀は南光坊天海《なんこうぼうてんかい》と名を変えて、徳川家康の知恵袋となって江戸の世まで長命を保ったともいわれるが、真偽の程は定かでない。ともあれ、逆賊と決めつけられる一方で歌舞伎の主人公として、同情的な扱いを受けていたのも事実である。

光秀の謀叛が仇《あだ》になって、不遇に扱われたのが生前の愛刀・明智《あけち》近景《ちかかげ》だ。逆賊・光秀の所有銘が憚《はばか》られ、茎《なかご》が削られてしまった状態で現存する名刀は、後に重要美術品に指定されている。

二字国光《にじくにみつ》

所持者

団七茂兵衛《だんしちもへえ》

DATA

歌　　舞　　伎：『宿無団七時雨傘』

宝刀がきっかけ作った放蕩無頼

明和《めいわ》５年（1768）７月に大坂竹田芝居《おおさかたけだしばい》にて初演（明和４年 閏《うるう》９月の説も）された『宿無団七時雨傘《やどなしだんしちしぐれのからかさ》』は、大坂で実際に起こった殺人事件に材を得た世話物である。

大坂島之内《しまのうち》の遊廓に入り浸る魚屋の団七茂兵衛《だんしちもへえ》は、元をただせば武家の子だった。

実家の宇田《うだ》家は、主君より預けられた宝刀・二字国光《にじくにみつ》が盗賊に奪われた責を問われて断絶され、今や跡形もない。家名復活のために茂兵衛は市井《しせい》に身を置き、失われた宝刀を探していたのだ。

孤独な探索を続けるうちに、茂兵衛は島之内の岩井風呂《いわいぶろ》で働く売れっ子遊女のおとみと為さぬ仲になる。岩井風呂の主人の治助《じすけ》・おそよ夫婦も茂兵衛に同情し、刀探しへの協力を惜しまない。

このように宿無しの若者が温かく見守られる状況を横目に、おとみに岡惚れの侍・渡辺数右衛門《わたなべかずえもん》は苦々しい思いをしていた。

遊廓を構える治助は、当然ながら顔も広い。その治助が茂兵衛のために八方手を尽くすうち、二字国光はめでたく見つかった。ところが困ったことに、一緒にあったはずの折紙《おりがみ》（鑑定書）が失われてしまっていた。刀剣の鑑定結果を証明する折紙の存在を抜きにしては、いかなる名刀といえども、その価値は公に認められないのだ。

二字国光と別れ別れになった折紙はといえば、皮肉なことに茂兵衛の恋敵・数右衛門の手中に墜ちていた。

折紙さえ揃えば宇田家の名誉は回復し、家名復活も叶う。ところが憎い恋敵のためになるとわかっていて、数右衛門がおいそれと折紙を差し出すはずもなかった。

思案の末、治助は数右衛門に折紙とおとみの交換を持ちかけ、一も二もなく承知させる。肩入れする茂兵衛のためを思えばこそ踏み切った、治助の苦渋の選択であった。

折紙を取り戻し、宇田家を再興させるためにはやむを得ないと言う治助の説得に折れたおとみは泣く泣く本音を隠し、愛する茂兵衛に愛想尽かしをするのだった。

名工・来一門

まさに悲劇の典型ともいうべき筋立てだが、その原因となった二字国光とは、いかなる刀工だろうか。

北条《ほうじょう》氏が代々の執権職を勤める鎌倉幕府の武家政権も安定し、武士好みの豪壮な太刀《たち》が多数作られた鎌倉時代中期の山城国《やましろのくに》（京都府南東部）で、名声を馳せた刀工集団のひとつに来《らい》一門があった。

とりわけ有名な来国俊《くにとし》は一門を興した国行《くにゆき》（来太郎国行）の子で、「二字国俊」「孫太郎国俊」の通称で知られる人気刀工。『宿無団七時雨傘』の国光は、その二字国俊の子に当たる。一門の創始者の孫ともなれば、腕の程は折紙付きだ。短刀を中心に、数々の名作を遺している。

余談であるが、国光の父・国俊の二字国俊なる通称は銘《めい》を“国俊”と二文字で切ることに由来しており、作刀者が同一人物でも銘が“来国俊”となっている場合、その太刀や短刀は「三字国俊」、もしくは「来国俊」と呼ばれるのが通例である。刀剣が作刀者とは別に独立した人格を与えられているようで、興味深い現象といえるだろう。ちなみに『宿無団七時雨傘』に登場する二字国光という銘は創作で、実在の国光は「来国光」と三字で切

国俊の銘各種

るのが常だった。にも関わらず、二字国光という架空のネーミングが施されたのは、国光本人よりも知名度の高い父・国俊の「二字国俊」にちなんでのことと見なされる。

刀を奉じて悲劇を招く

宝刀をもって宇田家を再興するためとは知らず、相思相愛だったはずのおとみに縁を切られた茂兵衛は、怒って店を飛び出してしまう。

旧知の芝居狂言作者・並木《なみき》正三《しょうぞう》の家に上がり込んだ茂兵衛は、たまたま訪ねてきた役者と正三が、次回の公演の役づくりについて話し込んでいるのを黙ったまま聞く。

そして、聞いているうちに静かな決意を固めるのだった。

茂兵衛の決意。

それは余りにも哀しく、愚かきわまりない行為であった。

激情に任せて店に乗り込んだ茂兵衛は、悪女と見なしたおとみを殺そうとするが、刺されたのは止めに入った治助だった。

苦しい息の下で治助が差し出す折紙を受け取り、おとみが愛想尽かしをした真の理由を知らされた茂兵衛は進退極まり、ついには切腹して果ててしまうのである。

失われた二字国光探しがきっかけで始まり、育まれた幸せは、その宝刀を奉じるが故に無惨な結末を迎えてしまった。

いかに宝刀とはいえ、たった一振りの刀と、その価値を左右する書き付けの存在に翻弄《ほんろう》されたあげくに命を失っては報われない。自らの手で悲劇を引き起こし、そのただ中に飛び込んでいかずにはいられなかった人々の姿は、まさに歌舞伎ならではの滅びの美であり、生身の人間なればこそ逃れられない、宿《しゅく》業《ごう》の象徴ともいえるだろう。

ちなみに、作中に登場する並木正三とは本作品を手がけた、作者その人の名前である。現代の劇映画やテレビドラマでもおなじみの演出手法「楽屋落ち」の元祖というべき、この興味深い演出は本人の没後、寛政《かんせい》2年（1790）から始まったという。正三は、歌舞伎に欠かせない回り舞台を発明したことでも有名な人物である。

世話物《せわもの》・白浪物《しらなみもの》歌舞伎《かぶき》の刀《かたな》

DATA

歌舞伎：『お染久松色読販』『切られお富』『村井長庵』『三人吉三廓初買』

世話物に欠かせぬ宿命の刃

庶民を描いた歌舞伎・文楽狂言を総称して「世話物《せわもの》」と呼ぶ。

多くの世話物に共通するのは男女の恋愛模様が濃《こま》やかに描かれ、最後に悲劇の結末が待っているという定番の展開だ。

観る者は悲劇の結末を予感しながらも艶《つや》やかに、そして烈《はげ》しく繰り広げられる物語に、紅涙《こうるい》を絞らされずにはいられない。

そんな世話物に欠かせないのが、刀である。

登場人物の命を断つ凶器として描かれる一方、物語の核となって重要な役割を果たす世話物の刀について、代表的な作品を具体例に挙げてご紹介していこう。

八面六臂の名刀探し
『お染久松色読販』——午王義光

文化《ぶんか》10年（1813）3月に江戸森田《もりた》座にて初演された、4世鶴屋南北《つるやなんぼく》作の『お染久松色読販《そめひさまつうきなのよみ》』は「お染の七役」の通称で知られる娯楽作だ。

本作品の最大の見せ場は、ヒロインのお染に扮する女形《おやま》が性別も年齢も異なる7つの役を早変わりで演じ分けている点である。

富裕な質屋・油屋の娘として大切に育てられたお染は、侍崩れの丁稚《でっち》の久《ひさ》松《まつ》と相思相愛の仲である。主家より預けられた名刀の午王義光《ごおうよしみつ》（吉光《よしみつ》の刀）の紛失の責を問われた父が切腹し、実家が没落してしまったがために久松は武士の身分を偽り、油屋に奉公して露命を繋ぎ、姉の竹川《たけかわ》は奥女中になっていた。

久松と竹川のそれぞれに協力する善人たちが現れる一方、私利私欲から刀と折紙《おりがみ》（鑑定書）を売り飛ばそうとする悪人も暗躍し、物語は入り乱れる。可憐な町娘が八面六臂の早変わりを見せるだけではなく、一振りの名刀と折紙を巡る物語の展開がきちんと描かれており、観る者を飽きさせない。

質入れされてきた刀と折紙を図らずも所有することになったお染の店に出入りし、色と欲のために持ち出そうとする登場人物たちの行動が物語を錯綜させ、その善悪入り乱れる群像を次々に演じ分けるのが一人の女形であるという演出の妙が、なんとも楽しい。

クライマックスで、久松は午王義光をお染の店から盗み出そうとした悪人を誤って殺してしまい、思い余ってお染と心中をしそうになるが、刀と折紙が無事に揃った報がもたらされて、事なきを得る。

『切られお富』——主家の名刀

通称の「切られお富《とみ》」が定着した、本作品の正式な題名は『処女翫浮名横櫛《むすめごのみうきなのよこぐし》』である。元治《げんじ》元年（1864）7月に江戸森田座で初演された河竹黙阿弥《かわたけもくあみ》作の『切られお富』は、幕末の不安な世情を反映した、退廃の美に満ちた一編だ。

さかのぼること11年前、嘉永《かえい》6年（1853）3月に江戸中村《なかむら》座にて初演された『与話情浮名横櫛《よわなさけうきなのよこぐし》』（通称「切られ与三《よざ》」）を基に、生々流転の人生を送る若者の設定を女性に置き換えた本作品は、愛する男のためとなれば、あくどい強請《ゆす》りも殺人も辞さない、一途で恐ろしい情念に全編が彩られている。

茶店を営むお富は、全身に凄絶な刀傷を隠し持つ女。かつて遊廓の主人の赤《あか》間屋源左衛門《まやげんざえもん》に囲われていた頃、浪人の井筒与三郎《いづつよさぶろう》と密かに忍び逢う仲であることを知られてしまい、なぶり切りにされたのだ。そのとき介抱してくれた蝙蝠《こうもり》の安蔵《やすぞう》と夫婦になり、今は世を忍んで、ひっそりと生きているお富であった。

偶然に与三郎との再会を果たしたお富は、主家の名刀（北斗丸《ほくとまる》の刀）を買い戻す大枚の金を必要とする窮状を打ち明けられ、源左衛門を強請ることを思い立つ。

安蔵を伴って源左衛門の遊廓を訪ね、用件を切り出すお富。強請るに値するだけのネタを、彼女は隠し持っていたのだ。赤間屋源左衛門の過去の正体は盗賊・観音久次《かんのんきゅうじ》だったのだ。そして安蔵は、かつて観音一味の配下であった。言い逃れなど、できるはずがない。

首尾よく200両をせしめたお富と安蔵が引き上げた後、話をすべて立ち聞いていた役人の穂積幸十郎《ほづみこうじゅうろう》が捕方《とりかた》を率いて現れ、源左衛門こと久次を捕縛する。

一方のお富は金を持ち逃げしようとした安蔵を刺し殺し、自分を待っている与三郎の許へと、ひたすらに急ぐのだった。

一振りの刀のために、身の破滅と承知の上で悪事を重ねるお富。彼女を毒婦《どくふ》と決めつけてしまうのはたやすい。しかし、その行動を責めることは誰にもできないだろう。ひとたび同じ境涯、同じ立場になったとき、お富と同じ衝動に駆られずにいられないとは、男女の別を問わず、決して言い切れないからだ。

先にご紹介したのは現在上演されている内容だが、オリジナルの設定はお富と与三郎が実の兄妹だったという残酷な結末が待っており、件の名刀を主家より奪ったのは源左衛門こと久次の仕業となっている。お富は近親相姦を恥じて自害し、与三郎に刀を返した源左衛門もまた、己の招いた結果を悔いて、自ら命を絶つという設定が採られていた。

『村井長庵』
——白露の短刀

文久《ぶんきゅう》2年（1862）閏《うるう》8月、江戸森田座にて初演された『村井《むらい》長《ちょう》庵《あん》』（本外題『勧善《かんぜん》懲《ちょう》悪《あく》覗《のぞき》機関《からくり》』）も河竹黙阿弥が得意とした、悪漢を主人公とする一編だ。大岡《おおおか》越前《えちぜん》守《のかみ》が裁いたといわれる事件を翻案した、金のために悪事にひた走る男の破滅が描かれた本作品は、幕末の名優・4世市川《いちかわ》小団次《こだんじ》のために書き下ろされたものである。

麹町《こうじまち》の藪《やぶ》医者・村井長庵は、金のためとなれば自分を頼ってくる者のみならず、妹までも死に至らしめる非情の男。

「酷《むご》い殺しも金ゆえだ、恨みがあるなら金に言え」

とうそぶく極悪人は、かつて吉原《よしわら》に売り飛ばした、遊女の小夜衣《さよぎぬ》を利用しての新たな悪事を思い付く。

ちなみに小夜衣ことお梅の亡き父・重兵衛《じゅうべえ》は金に困り、娘を義兄の長庵の世話で身売りしたところ、無惨にも信用した長庵の手で殺され、代金を根こそぎ奪われていた。そして長庵は無実の浪人・藤掛道《ふじかけどう》十《じゅう》郎《ろう》を下手人に仕立て上げて罪を逃れ、あろうことか重兵衛の妻であり、実の妹でもあるおそよを弟分の早乗三次《はやのりさんじ》に命じ、非情に殺させたのだった。

長庵は、小夜衣の馴染み客で質屋の若旦那の千太郎《せんたろう》を騙しにかける。身請《みう》けをしてやると話を持ちかけて、店の蔵にある白露《しらつゆ》の短刀を売って金を作るように入れ知恵したのだ。その短刀はもともと長庵のもので、三次を使って質入れさせておいたのであった。

千太郎が持参した 50 両をなに食わぬ顔で受け取ると、長庵は三次を短刀の請け出しに走らせる。もはや蔵にあるはずもない以上、千太郎が質草を持ち出した罪は隠しようもなかった。その罪をかぶり、自ら店を追われるように装ったのは忠義者の番頭・久八《きゅうはち》だった。

長庵の悪行三昧にもやがて幕が引かれる時が来た。諸々の証言から言い逃れることが叶わず、長庵は死罪に処された。一方、自害しかけた千太郎を止めようとし、誤って刺してしまったとわかった久八は無罪放免される。

全編是《これ》悪事の展開の中、無償の善意に満ちた人物像の久八が難を逃れるのがせめてもの救いだが、なんと 4 世小団次は対極というべき長庵と久八の 2 役を巧みに演じ分け、大評判を取ったと伝えられる。

『三人吉三廓初買』——庚申丸

最後にご紹介する『三人吉三廓初買《さんにんきちざくるわのはつがい》』は「白浪物《しらなみもの》(盗賊が主人公の作品群の呼称)」で、河竹黙阿弥の名作の一本である。

安政《あんせい》7 年(1860)正月に江戸市村《いちむら》座にて初演された本作品は、通称の『三人吉三』や『三人吉三巴白浪《ともえのしらなみ》』の題名で現在演じられている。この『三人吉三』に登場する短刀・庚申丸《こうしんまる》は、3 人の関わりを明かす存在として劇中で有効に、かつ目まぐるしく機能する。

見た目は江戸時代そのものでも時は鎌倉という、歌舞伎の世界ではおなじみの夜の町で喧嘩が始まろうとしていた。女装のお嬢《じょう》吉三、浪人のお坊《ぼう》吉三は共に目下売り出し中の若い盗賊だ。100 両の金と庚申丸の短刀を手に入れたお嬢吉三に、獲物を横取りしようと狙ったお坊吉三が絡んでくる。ならば勝負とばかりに、刀を手にして向き合う 2 人。その間に割って入ったのが、名うての盗賊・和尚《おしょう》吉三だった。意気投合し、互いの血で義兄弟の杯《さかずき》を交わした 3 人は、実に皮肉な運命の糸で結ばれていた。

すべての発端は、お嬢吉三が手に入れた庚申丸にあった。

10 年前、御家人の安森源次兵衛《やすもりげんじべえ》が将軍家より預けられた庚申丸は盗賊の伝吉《でんきち》に盗み出され、そのまま行方がわからなくなった。紛失の責を問われた安森は切腹し、伝吉は足を洗って堅気になった。安森邸から逃げ出すときに吠えかかった牝犬を斬った弾みで庚申丸を川に落としたのみならず、犬の祟《たた》りを受け

た女房が、生み落としたばかりのわが子を道連れに入水《じゅすい》してしまったがためであった。

妻子への供養と思い、水死人を引き上げては弔うことが習慣になったため、いつしか土左衛門《どざえもん》と呼ばれるようになった伝吉は、和尚吉三の父親である。その和尚吉三の男気に惚れて義兄弟となったお坊吉三は、実は零落した安森家の御曹子だった。

伝吉はひょんなことからお坊吉三と争い、斬られてしまう。図らずも父の仇《あだ》討《う》ちを果たしたとは知らず、年寄りを相手に不憫なことをしたと悔いるお坊吉三だが、悲劇はまだ始まったばかりにすぎなかった。

和尚吉三の妹で夜鷹《よたか》をしているおとせは、お嬢吉三に100両を盗まれた八百屋《やおや》久兵衛《きゅうべえ》の息子・十三郎《じゅうさぶろう》と恋仲になっていたが、この2人、実は双子であり、父親は伝吉その人だった。伝吉の亡き妻は牝犬の祟りを受ける以前、長男の和尚吉三に続いて、元気な双児を産んだことがある。ところが双児を不吉とする当時の風習から、伝吉は男の子のほうを法恩寺の門前に捨ててしまった。拐《かどわ》かされたわが子を探していて門前に通りかかり、憐れんで拾ったのが八百屋久兵衛。かくして久兵衛の許で成長した捨て子が十三郎なのだ。そして、誘拐されたまま旅役者の一座に売られ、身を持ち崩したあげくに盗賊となり果てたお嬢吉三こそが、久兵衛の実の息子だった。

折しも役人に捕えられた和尚吉三は、無罪放免する代わりに義兄弟のお嬢とお坊、2人の吉三を売り渡せと迫られていた。

和尚吉三がかつて僧だったころに修行していた、巣鴨《すがも》の吉祥院《きっしょういん》に集まる三人吉三。そこで、すべてが亡き父の伝吉が庚申丸を盗み出したことから始まったと知った和尚吉三は、近親相姦の罪を犯したことを教えぬままに妹と十三郎を殺し、その首を替え玉にして義兄弟たちを逃がす。

父が名刀を盗まれたために落ちぶれ、盗賊にならざるを得なかったお坊吉三。その名刀を盗み出した父と同じ、白浪稼業に好んで足を踏み入れた和尚吉三。因果な名刀を再び世に持ち出したことがきっかけで、出会わぬまま別々に人生を全うできていれば幸せだったはずのお坊、和尚と図らずも義兄弟になってしまったお嬢吉三。

クライマックスで捕方に囲まれ、刺し違えて果てる3人の吉三の最期は一種の心中であると同時に、庚申丸が盗み盗まれたことで多くの人々を不幸な死に至らしめたことに対する、せめてもの贖罪の行為だったと言えるのかもしれない。

南北と黙阿弥

江戸時代初期～中期の歌舞伎は、近松門左衛門《ちかまつもんざえもん》作の浄瑠璃を人形芝居から生身の役者が演じる内容に換骨奪胎するケース、あるいは京・大坂の人気作の脚本を流用するケースが多かった。それが江戸時代後期に至ると、オリジナル作品が俄然として目立ち始める。

その立て役者が、４世鶴屋南北《つるやなんぼく》と河竹黙阿弥《かわたけもくあみ》なのだ。

４世南北作の『東海道四谷怪談《とうかいどうよつやかいだん》』といえば、今日まで映画・演劇・TVで幾度となく映像化されてきた傑作である。

文政《ぶんせい》８年（1825）の中村座での初演は『仮名手本忠臣蔵《かなでほんちゅうしんぐら》』とカップリングで上演されて、おなじみの忠臣蔵外伝としての原型が完成した。定番の人気作の設定を借りるという、古くからの歌舞伎作家の常套手段を踏襲しながら、まったく新しい、極め付けの和製ホラーを生み出した南北の筆の冴えは、まさに職人芸だ。

盗賊を主人公とする白浪物《しらなみもの》の生みの親である黙阿弥は『三人吉三《さんにんきちざ》廓初買《くるわのはつがい》』をはじめ、通称『白浪五人男《しらなみごにんおとこ》』で知られる『青砥稿花《あおとぞうしはな》紅彩画《のにしきえ》』など、浮世離れしたアウトローたちの活躍を好んで描き、幕末に絶大な支持を得た。

黙阿弥作品の身上は、なんと言っても七五調の台詞回しである。

たとえば『青砥稿花紅彩画』で女装の二枚目・弁天小僧菊之助《べんてんこぞうきくのすけ》がズバッと片肌を脱ぎ、桜の彫物を惜しげもなく晒《さら》しつつ「知らざあ言って聞かせやしょう」と切る啖呵《たんか》

「浜の真砂と五右衛門が　歌に残せし盗人の
種は尽きねえ　七里ヶ浜
その白浪の　夜働き……」

は文句抜きにかっこいい。もちろん、当時の日本人が皆こういう喋り方をしていたわけではないし、黙阿弥の書く台詞と作品世界はリアリティーに乏しいとして、明治時代以降は批判の対象にされている。とはいえ、歯切れが良くて耳に心地いい七五調の台詞が脚本の緻密な構成力ともども、他の作家の追随を許さない黙阿弥作品の魅力となっていたのは間違いないだろう。

不安な世相の下、退廃美に彩られた諸作品を生んだ南北と黙阿弥は毒々しくも華やかな、江戸歌舞伎界に咲いた二大徒花だったのだ。

猛虎《もうこ》の刀《かたな》

所持者

薩摩源五兵衛《さつまげんごべえ》

DATA

歌　舞　伎：『五大力恋緘』

大坂発の人気作

寛政《かんせい》6年（1794）2月、大坂の中山与三郎《なかやまよさぶろう》座にて初演された初世並木五瓶《なみきごへい》作『五大力恋緘《ごだいりきこいのふうじめ》』は、色町に生きる芸者と武骨な藩士が織り成す恋と復讐の物語だ。元文《げんぶん》2年（1737）に曾根崎新地《そねざきしんち》で実際に起きた5人斬り事件を題材とする『島廻戯聞書《しまめぐりうそのききがき》』の後半部を独立させたもので、初演された翌年の1月には早くも江戸の都《みやこ》座でお披露目。以降も江戸と大坂で繰り返し上演されるようになり、同じ作者による改作『略三五大切《かきなおしてさんごたいせつ》』が文化《ぶんか》3年（1806）正月に上演。さらに4世鶴屋南北《つるやなんぼく》が『盟三五大切《かみかけてさんごたいせつ》』を文政《ぶんせい》8年（1825）9月に発表するに及んで「五大力物」という一大ジャンルが確立されるに至った。

ちなみに、現在用いられる『五大力恋緘』という題は、江戸での再演時につけられたもの。上方《かみがた》で人気を博した作品を江戸に移すのに際し、舞台は深川《ふかがわ》に変わった。地名と登場人物の源氏名《げんじな》を変えるのに伴い、上方版と江戸版の脚本が作られている。

女の心を表す三文字

本作品の通称でもある「五大力」とは、いかなる意味なのか。

これは江戸時代の女性が恋文に記した、封じ目の3文字を意味する。恋文は必ずしも想い人の許へ届くとは限らないし、悲しいことだが読んでさえもらえない場合もある。そこで五大力菩薩《ぼさつ》の加護を願い、封目にまじないを込めたのである。

すなわち「五大力」の3文字は、女の偽りなき本音を象徴するものでもあったのだ。

嘘から出た真実の愛

それでは『五大力恋緘』の内容をご紹介していこう。

男嫌いの芸者・菊野《きくの》（江戸版では小万《こまん》）は、嫌い抜いている藩士の笹野三五《ささのさんご》兵衛《べえ》の口説きから逃れるために、同輩の薩摩源五兵衛《さつまげんごべえ》に形だけの恋人になってくれるように頼む。

嘘とわかっていても、恋仲の相手がいると言い立てる芸者を口説くのは野暮である。

怒った三五兵衛は、卑劣な手段に出た。

茶屋での芸者遊びの供として若殿の千島万太郎《ちしままんたろう》に同行した折に、菊野はぞっこんと吹き込んで、まんまとその気にさせたのだ。むろん、誘いは手厳しく撥ね付けられ、供の源五兵衛が菊野と割りない仲と知った万太郎は激怒する。

若殿の勘気を被って追放の憂き目を見た源五兵衛への謝罪の念から本気になり、菊野は帯を解く。2人が本物の恋仲になったと知った三五兵衛は嫉妬に怒り狂う。

運命の名刀探索

たとえ若殿の理不尽な勘気で追放されても、生真面目な源五兵衛は家中の人々の信頼を失ってはいなかった。

千島家より紛失した宝剣・猛虎の刀の詮議を密かに依頼された源五兵衛は三五兵衛を疑うが、証拠はなにもない。思い余った源五兵衛は、三五兵衛に探りを入れてほしいと菊野に頼む。

売るのは芸のみの身とはいえ、自分に岡惚れしている男の座敷に出るということは、当然ながら操の危険を伴う。菊野は愛用の三味線の胴に「五大力」と記し、たとえ迫られても体を許しはしないと誓いを立てるのだった。

しかし、三五兵衛は一枚上手《うわて》だった。

探りを入れてきた菊野をそそのかし、源五兵衛への縁切り状を書かせたあげくに三味線を取り上げ「三五大切」と書き換えたあげく、強引に寝間へ連れ込んでしまう。

悔恨の復讐劇

恋人を利用した源五兵衛に、茶屋の人々は冷たい反応を示す。

それでも菊野の誠意を疑わない源五兵衛だったが、2人が寝間から出てきたのを目の当たりにして我を見失ってしまう。

もはや、源五兵衛の耳には必死の弁解も届かない。

さらに三味線の文字が書き換えられているのに気付き、どういうことかと突き付けて問い詰めると、菊野は胴皮を破ってしまった。

雨の中、家に帰ってきた源五兵衛は菊野の生首を携えていた。

裏切った女を成敗したのだと平然とする主人に、下僕《げぼく》の与五平《よごへい》は厳しく意見する。

冷静になって考え直してみれば、破り捨てた縁切り状も三味線の文字も三五兵衛の企みに他ならない。源五兵衛は一時の怒りに任せて、取り返しのつかないことをしてしまったのだ。

すでに、菊野殺しの詮議で奉行所は動き始めていた。

与五平が身代わりに立ち、源五兵衛は三五兵衛の許へと向かう。

見つかった猛虎の刀を奪い返した源五兵衛は、愛する菊野への謝罪の念を込めて名刀を振るい、許せぬ三五兵衛とその仲間たちを斬り伏せていくのだった。

COLUMN

江戸の信仰

劇中で重要なモチーフとなる「五大力」の3文字が、五大力菩《ぼ》薩《さつ》への信仰に基づくように、江戸時代には多くの俗信が暮らしの中に息づいていた。と言っても平安貴族のように、日常生活のすべてをまじないに当てはめていたわけではなく、ささやかなご利益を願う微笑ましいものがほとんどだ。

たとえば、現代でも静かなブームが続いている千社札《せんじゃふだ》（“せんしゃふだ”とも）。寺の山門や社殿にぺたぺたと貼り付けたのは、家内安全や商売繁昌のためにおこもりをする代わりの行為で題名納札《だいめいのうさつ》と呼ばれた。こまめに掃除しなくてはならないお坊さんや神主さんは大変だが、お参りがてらに千社札を貼って帰るだけで安心できるとなれば、大いに流行したのも当然だろう。時代物にさりげなく出てくる日常描写は、江戸の庶民の生活実感を知るための格好の手がかりでもあるのだ。

倶梨迦羅丸《くりからまる》

所持者

雪姫《ゆきひめ》

DATA

歌舞伎・文楽：『祇園祭礼信仰記』

豪華絢爛な戦国絵巻

通称『金閣寺《きんかくじ》』で知られる『祇園祭礼信仰記《ぎおんさいれいしんこうき》』の舞台は、いずれ劣らぬ勇将、猛将、智将が群雄割拠した戦国乱世である。

本作品の主人公は、数ある戦国武将の中でも群を抜いた知名度と人気の高さを誇る一代の英雄・織田信長だ。

原題はそのものずばりの『祇園祭礼信長記』。幕府の指示で改められることになったとき、実際に信長が信仰していた祇園牛頭天王《ごずてんのう》にちなむ形で現行の『〜信仰記』と改題されている。つまりは「信」長の信「仰」記という意味なのである。

宝暦《ほうれき》7年（1757）12月、大坂豊竹《おおさかとよたけ》座にて初演された浄瑠璃『祇園祭礼信長記』（当時）は、翌年正月に京都で同名の初歌舞伎化。その年のうちに江戸森《もり》田《た》座でも上演され、いずれも足掛け3年連続のロングランを記録し、オリジナルの浄瑠璃版に迫る人気を博した。

歌舞伎･文楽の演出上のお約束として、信長を始めとする主要登場人物には、小田春永《おだはるなが》（織田信長）、此下東吉《このしたとうきち》（木下藤吉郎《きのしたとうきちろう》、後の豊臣秀吉）、十河軍平《とかわぐんぺい》（加藤清正《かとうきよまさ》）といった形で、すべて架空の名が付けられている。

それでは、豪華絢爛たる戦国絵巻の世界をご紹介しよう。

洛中を揺るがす大陰謀

本作品の要《かなめ》は、足利将軍家の権威を我が物にする巨悪・松永大膳《まつながだいぜん》の悪逆非道ぶりだ。

実在した戦国武将・松永久秀《ひさひで》（1510 ？～ 1577）をモデルに造型された大膳の行状は、まさしく悪逆非道そのもの。13 代将軍の足利義輝《よしてる》を謀殺し、その母君の慶寿院《けいじゅいん》を人質に取って金閣寺を占拠し、高楼に居を構えて天下を大胆不敵に窺うという、史実をも超えた国崩しの巨悪ぶりを発揮する。ちなみにこの金閣寺、浄瑠璃では 3 層閣のセリ上げ、セリ下げの大掛かりな舞台装置で演出されており、大評判を取っている。

これほどの強敵に立ち向かう以上、春永（信長）には万全の布陣を敷く必要があった。まずは出家していた義輝の弟・慶覚《けいかく》（義昭《よしあき》）を還俗させて新将軍として擁立し、腹心の東吉（藤吉郎）に大膳の討伐を命じる。

東吉は抜かりなく金閣寺の大膳に近付き、得意の機転を利かせて信用を得ながら、着々と慶寿院の奪還を目指すのだった。

美しき姫の受難と宝剣

大膳の犠牲になったのは、足利将軍家の人々だけではない。

権力闘争とは本来無縁であるはずの女性も、乱世には理不尽きわまりない受難に見舞われるのである。

義輝謀殺のための色仕掛けに利用した遊女の花橘《はなたちばな》に続いて、大膳はその妹の雪姫《ゆきひめ》に目を付ける。

姉妹は稀代の画師・狩野雪村《かのうせっそん》の娘だが、父の死に伴って没落し、聚楽《じゅらく》の浮《うき》世風呂《よぶろ》（遊廓）に奉公していた。金閣寺を占拠して天下を取った心持ちの大膳は身請《みう》けした雪姫に命じ、天井に墨絵の竜を描くことを強いる。

しかし、家伝の秘書が手元にないのを理由に雪姫は命令を拒む。怒った大膳は刀を抜くが、その刀身に浮かび上がったのはまさしく狩野派の画師が描くところの竜の姿であった。家伝の秘書とは大膳が我が物にしている刀のことだったのだ。

これこそ祖父の雪舟《せっしゅう》から伝わる名刀・倶梨迦羅丸《くりからまる》に違いない。父を無惨に殺して刀を奪ったのが大膳と知り、雪姫は果敢に斬りかかるが叶うはずもなかった。捕えられた雪姫は金閣寺の庭の桜に縛り付けられてしまい、夫の画師・狩野直信《ただのぶ》も捕縛され、刑場の舟岡山《ふなおかやま》へ引かれていく。愛する直信が処刑の場へと送られていくのを見送る以外にない雪姫は、ただ身悶えするばかりであった。

桜の舞い散る中、縛られたままで放置された雪姫は祖父・雪舟の故事をふと思い出した。寺に預けられていた少年の頃、折檻のために本堂の柱に縛り付けられた祖父は流した涙を爪先につけ、本物かと見紛う鼠《ねずみ》を描いたはず……雪姫が爪先で花びらを集めて形作った鼠もまた、生きているかの如き出来だった。

奇跡が起こったのは、そのときである。桜花の鼠はやにわに動き出すと白鼠に変身し、雪姫の縄目を食いちぎり始めたのだ。

そこに、大膳との碁の勝負を制して倶梨迦羅丸を奪い返してきた東吉が現れ、姫を助け出すと舟岡山へ急がせる。かくして直信は処刑寸前に救われ、金閣寺に残った東吉は慶寿院の身柄を確保する。

東吉の知略に見事にしてやられた大膳は激怒するが、いかに悪逆非道といえども、そこは潔さが身上の戦国の漢《おとこ》である。今度は碁盤の上ではなく合戦場で再戦することを約し、東吉を見逃すのだった。

ちなみに、史実上も松永久秀は天正《てんしょう》5年（1577）10月、木下藤吉郎の軍勢に居城の信貴山城《しぎさんじょう》を包囲され、自爆して最期を遂げている。

織田信長の名を冠《かん》した本作品においても、史実の上でも、国崩しの巨悪を倒した真の主役は木下藤吉郎、後の豊臣秀吉だった。徳川将軍家を頂点に戴く幕府が横槍を入れてまで『祇園祭礼信仰記』を改題させずにおかなかったのは、この藤吉郎こと此下東吉の見事な活躍ぶりに根ざしていたのかもしれない。

COLUMN

刀身彫刻

ご紹介の『祇園祭礼信仰記《ぎおんさいれいしんこうき》』に登場する宝剣・倶梨迦羅丸《くりからまる》は刀身に秘伝の竜の図柄が描かれているとの設定だが、この倶梨迦羅竜は現実の世界でも、刀身彫刻に好んで取り上げられたモチーフだ。

密教で不動明王《ふどうみょうおう》の化身《けしん》とされる竜は、鎌倉〜南北朝時代の武将の愛刀に諸願成就の守護神として彫刻されたケースが多い。とりわけ有名なのは南朝の英雄・楠正成《くすのきまさしげ》の遺愛刀「小竜景光《こりゅうかげみつ》」だ。もともとは鍔元《つばもと》近くに彫られていた竜が磨上《すりあ》げ、すなわち刀身の短縮加工を施されたため柄《つか》の中に隠れてしまい、鍔元から顔だけ覗かせている姿になったことから「のぞき竜景光」の異名がついた。

刀身彫刻は所有者の信仰心の象徴であると同時に、優れた装飾性を備えている。密教の神々やその持物《じぶつ》の素剣《すけん》や索《さく》（縄）、梵字《ぼんじ》が彫られた刀身は、掛け値なしに美しい。それ自体が美術品でもある日本刀を一際彩る刀身彫刻の美に、機会があればぜひ接していただきたい。

『新《しん》薄《うす》雪《ゆき》物《もの》語《がたり》』の刀《かたな》

所持者

正宗《まさむね》・来国行《らいくにゆき》

DATA

文　　　楽：『新薄雪物語』

文楽の名工譚

元禄《げんろく》（1688 ～ 1704）の世に隆盛した人形浄瑠璃の魅力を、現代に伝える文楽。その文楽の演目の中に、名だたる刀工が大挙して登場する作品があると言えば、驚かれるのではないだろうか。

題は『新薄雪物語《しんうすゆきものがたり》』。

仮名草子『薄雪物語』を原作に、寛保《かんぽう》元年（1741）に大坂竹本座《おおさかたけもと》で初演された本作品では、鎌倉幕府内の権力争いを背景とする来《らい》一門と正宗《まさむね》一門の奇《く》しき因縁が描かれている。

それは原作には出てこない、もちろん現実には出会ってなどいない刀工同士が織り成すフィクションなのだが、作中に登場するのはほとんど実在の名工であり、鎌倉時代の刀工の実態が彷彿《ほうふつ》として興味深い。ヒロインの薄雪姫と恋人の園部左衛門《そのべさえもん》の恋愛劇を縦軸に展開される『新薄雪物語』のストーリーは、次の通りである。

京の刀工コンペ

将軍家の若君生誕を祝って守り刀を誂えるため、京都における鎌倉幕府の出先機関である六波羅探題《ろくはらたんだい》に対して、優秀な刀工を選び出すようにとの要請が出された。選ばれた刀工本人のみならず、推挙した者までもが栄誉に浴するとなれば、六波羅探題内にさまざまな思惑が入り乱れたのも当然のことだった。

しかし、選ばれる枠は１人のみである。園部兵衛《ひょうえ》が来国行《くにゆき》、同僚の秋月大膳《あきづきだいぜん》が正宗（五郎兵衛《びょうえ》正宗）を推挙した結果、国行が守り刀の作刀を命じられたことで大膳は兵衛に嫉妬し、復讐の機を窺い始める。

かかる姦計が進みつつあることなどつゆ知らず、打ち上がってきた守り刀の見本を清水寺《きよみずでら》に奉納するべく、兵衛は息子の左衛門と連れ立って出かける。そこへ折しも花見に来ていて、左衛門を見初めたのが、幸崎《さいざき》伊賀守《いがのかみ》の娘・薄雪姫だった。

若い2人の恋が始まるのと前後して、正宗の息子の団九郎《だんくろう》を抱き込んだ大膳は守り刀の見本にこっそり傷を付けさせ、兵衛の失脚を目論む。計画に気付いた国行の口を封じた大膳は、さらなる姦計を思いつく。左衛門を刀を傷付けた張本人に仕立て上げ、無実の罪を着せて、その父である兵衛の身を破滅させようというのだ。

剛勇の父２人

めでたく薄雪姫と祝言を上げることになった左衛門に突然、謀叛の疑いがかけられた。姫までもが連座させられ、大膳は恋人たちを捕えさせようとするが、伊賀守と兵衛はお互いの子を交換して取り調べるということで説き伏せる。

生き証人の国行がすでに亡き今となっては、誰にも真実を証明することはできない。しかし、若い2人が無実なのは明らかだった。

兵衛は薄雪姫を、伊賀守は左衛門をそれぞれ逃がし、六波羅探題宛てに自分の命を差し出す旨をしたためた願書を用意する。冤罪とはいえ疑惑をかけられた子を逃亡させた罪を償うため、兵衛と伊賀守はあらかじめ陰腹を切っていたのである。切腹した傷口をいかに固く縛ったとはいえ、先に死が待つことに変わりはない。だが、2人の父親は笑い合い、一命を賭《と》してわが子を救ったのを悔いることなく、心静かに死の瞬間を迎えるのだった。

名工のけじめ

武士として、人の親としての責を果たした2人の父親が自裁したのとは別の形で、罪を償ったのが正宗である。

守り刀の作刀者の座を国行に奪われたことを、当の正宗はまったく気に病んではいなかった。国行の亡き父・国吉《くによし》は正宗の師に当たる人物。尊敬する師の忘れ形見に、恨みなど抱くものではない。団九郎は、かかる父の真意に気付くこともなく、愚かにも、欲得ずくで大膳の姦計に乗せられていたのだ。

正宗は、わが子の罪を見逃さなかった。刃文を仕上げるときの湯の加減を教えるからと告げて油断させ、水槽に向かって出してきた片腕を、非情にも切って落としたのだ。そして、殺された国行の子・国俊《くにとし》に対しては娘との結婚を快諾し、秘伝の湯加減を伝授するのであった。

作られた因果関係

来一門と正宗の間に、交流があったという事実はない。

鎌倉時代を通じて在京の刀工集団だった来一門に対し、正宗は正応《しょうおう》年間（1288 ～ 93）を中心に、鎌倉将軍家のお膝元である相模国《さがみのくに》（神奈川県）で活躍し、相州《そうしゅう》鍛冶の知名度を一躍高めた功労者だからだ。ちなみに来国行の刀工としての活動期間は、正元《しょうげん》年間（1259 ～ 60）とされている。その息子の国俊（二字国俊）は正応年間の刀工なので、世代の近い正宗とつながりがあったとしても、不思議ではない。しかし、国行とではまさに親子ほども齢が違う。いかにフィクションとはいえ、かなり無理があると言わざるを得ない。作中で正宗の師は国行の父、国俊にとっては祖父に当たる来国吉となっているが、これも史実ではない。正宗は相州鍛冶の草分けの一人である藤三郎行光《とうざぶろうゆきみつ》の子で、鎌倉生まれの鎌倉育ち。在京の来一門に入門していたという伝承はない。

にも関わらず『新薄雪物語』に来一門と正宗一門が登場し、原作に存在しない刀工コンペの設定までが加えられたのは、登場するのが他でもない正宗だったからではないだろうか。

名工のステイタスゆえに

この『新薄雪物語』で正宗が占める位置は、きわめて高い。

本作品の構成は上下巻になっている。薄雪姫と左衛門が、2 人の父親に救われるまでが上の巻。亡き国行への償いとして正宗が団九郎の片腕切断を実行し、国俊を婿《むこ》に迎えるのは下の巻である。長い物語の中で正宗絡みのエピソードがこれほどまでに大きな割合を占めているのも、わが国第一と謳われた伝説の名工だからこそ、と解釈すれば素直に納得できる。

正宗のステイタスは、まさに計り知れない。逆に言えば、かかる有名人であればこそ、古来より幾多のフィクションの登場人物に取り上げられてきたのだろう。その極め付けが『新薄雪物語』なのである。

世話《せわ》物《もの》文楽《ぶんらく》の刀《かたな》

DATA

文　　　楽：『桜鍔恨鮫鞘』『関取千両幟』『伊達娘恋緋鹿子』

名刀に導かれる運命の選択

浄瑠璃（文楽）の主役である人形たちは、時として人間以上に生々しい表情を見せる。それは多くが悲劇の結末に終わる、世話物も例外ではない。

構成に隙のない台本に基づき、繰り広げられる哀しい物語世界において名刀が重要な役割を果たす作品で、後に歌舞伎にも翻案されている人気作を３本、続けてご紹介していこう。

無償の愛が悲劇を生んだ
――『桜鍔恨鮫鞘』鮫鞘の宝刀

安永《あんえい》２年（1773）大坂豊竹《おおさかとよたけ》座初演の『桜鍔恨鮫鞘《さくらつばうらみのさめざや》』は、愛し合う男女が誤解と嫉妬の果てに、取り返しのつかない悲劇へと至る、典型的な世話物の一編である。

古道具屋を営む八郎兵衛《はちろべえ》は、かつて奉公していた主君が紛失した鮫鞘の宝刀を探す一方、主君の伊織《いおり》と相愛の遊女・梅川《うめかわ》の身請《みう》けの金を作ろうと奔走中だ。首尾よく刀は見つかるが、金策のほうは埒《らち》が明かない。

そんなとき、八郎兵衛は女房のお妻《つま》より離縁を切り出された。

お妻は大金持ちの香具屋弥兵衛《こうぐややへえ》と再婚することになり、八郎兵衛は主君に返す鮫鞘の宝刀を手に大人《おとな》しく出ていくが、未練を抱いて戻ってくると幼い娘のお半《はん》が門口に立っている。お妻は夫を捨てたのみならず、２人の間にできた子供までも、ないがしろにしようというのだ。

折しも、家の中から祝言の謡《うたい》が聞こえてきた。逆上した八郎兵衛は鮫鞘の宝刀を抜き放ち、お妻と姑を斬ってしまう。するとお半がたどたどしい口調で母の遺言を語り始めた。お妻と姑は大恩ある主君に報いるための身請けの金を作るべく、わざと八郎兵衛と縁切りし、弥兵衛がもたらす持参金を梅川の身請けに充てようと考えたのだ。字の書けないお妻は、口伝《づ》てでお半に遺言を託し、夫の刃に敢えて倒れたのであった。

仲の良い夫婦が、夫の旧主に対する過度な忠義と、その夫に対する妻の行き過ぎた献身ゆえに悲劇を生む結末は、余りにも切ない。どこにも憎むべき悪役が出てこない、すべては善意に端を発する展開だけに、観る者は皆、人の世の無情をしみじみと噛み締めずにはいられないのだ。

漢の意地を支えた恋女房
――『関取千両幟』奪われる名刀

明和《めいわ》4年（1767）8月、大坂竹本《おおさかたけもと》座初演の『関取千両幟《せきとりせんりょうのぼり》』は同じく夫婦間の葛藤をモチーフとしながらも、清々《すがすが》しい結末が用意されている点で特筆に値する。

大坂相撲の人気力士である岩川《いわかわ》（現在の文楽では猪名川《いながわ》、歌舞伎では稲川と称する）次郎吉《じろきち》は、自分を贔屓《ひいき》にしてくれている鶴屋《つるや》の若旦那・礼三郎《れいざぶろう》に頼まれた、200両の金策を考えあぐねていた。礼三郎は相愛の遊女・錦木《にしきぎ》の身請けを望んでいるが、どうしても残り200両の都合が付かない。というのも、店の手代の善九郎《ぜんくろう》が悪侍の村岡団右衛門《むらおかだんえもん》と組んで名刀を騙り取ったまま逐電したため、その償いをするために父の浄久《じょうきゅう》が大枚の金を必要としていたからだ。もう親を当てにすることができない以上、自力で金を作る他にない。武家娘のお才《さい》とも同時に関係を持つ、世慣れた遊び人の礼三郎だが、錦木を自由の身にしてやりたいと願う心に嘘はなかった。なればこそ、岩川も日頃の恩返しにと奔走しているのだ。

悩む岩川に、土俵で張り合う勝負敵の鉄ヶ嶽陀多右衛門《てつがたけだだえもん》が八百長《やおちょう》を持ちかけてくる。身請けをしたいならば、自分との勝負に負けろと言うのだ。鉄ヶ嶽も贔屓筋に錦木の身請けの金策を頼まれていたのだが、谷町《たにまち》（贔屓筋）への義理を果たすよりも岩川に勝つ千載一遇の好機として、この一件を利用しようと目論んだのである。悩み深まる岩川の髪を梳《す》きながらさりげなく問いかけ、夫の苦しい胸中を察した女房のおとわは、ある決意を固める。

鉄ヶ嶽との取組の日が訪れた。土俵には上ったものの、岩川にはいつもの勢いがない。土俵際まで追い込まれたとき、その耳に「二百両身上贔屓より」の声がかかる。礼三郎以外の贔屓筋から、図らずも求めていたのと同額の金がもたらされたのだ。すかさず岩川は反撃に転じ、鉄ヶ嶽を見事に制するのだった。

土俵から下りた岩川は、200 両が女房のおとわが身を売って都合した金であることを知らされる。おとわは万感の別れを惜しみつつ、愛する夫の前から姿を消していく。

かくして、岩川とおとわの自己犠牲のおかげで錦木の身請けが実現するのだが、収まらないのは面目を丸潰しにされた鉄ヶ嶽だ。ところが、その鉄ヶ嶽が何者かに殺されたことで事態は急変、礼三郎に疑いがかけられてしまう。真の下手人は、礼三郎のもう一人の恋人であるお才に岡惚れする村岡団右衛門であった。真相を知る由もない礼三郎は進退極まって錦木と心中する道を選ぼうとするが、岩川たちの奔走で悪事は露見し、奪われた名刀も取り戻される。若い 2 人は死ぬ寸前に救われて大団円となる。

明和《めいわ》6 年（1769）江戸森田《もりた》座初演の歌舞伎では、全 9 段のうち 7 段までが省かれ、髪を梳きながらおとわが岩川と語り合う「次郎吉住居《すみか》」を改題した「髪梳き」と、逆転勝利を収めた後の夫婦の切ない別れを描いた「相撲場」の、物語の核というべき 2 場面のみが演じられた。

町娘の情念がもたらす名刀
——『伊達娘恋緋鹿子』天國

最後にご紹介する『伊達《だて》娘《むすめ》恋《こいの》緋鹿子《ひがのこ》』は、ご存じ八百屋《やおや》お七《しち》が主人公の一編。江戸に大火を招いた悪女として従来描かれていたヒロイン像を一変させたのみならず、クライマックスでは放火ならぬ半鐘《はんしょう》を打ち鳴らす場面に人形を用いた、浄瑠璃ならではの演出が確立され、歌舞伎にも「人形振《ぶ》り」と呼ばれる所作事として取り入れられた。

大火《たいか》で焼け出された八百屋久兵衛《きゅうべえ》の娘お七は、避難先の寺で働く小姓の吉《きち》三郎《さぶろう》と恋仲になる。しかし、元武士の吉三郎は死ななくてはならない羽目に陥り、お七にも親の借金を返すための縁談話が持ち込まれる。

せめて吉三郎の助命だけは果たしたいと願うお七は、2 人の味方である女中お杉《すぎ》の手を借りて、嫁ぎ先の萬屋武兵衛《よろずやぶへえ》の許から天國《あまくに》の剣を盗み出す計画を立てる。この名刀をもたらせば吉三郎は旧主に義理が立ち、死なずに済むのだ。

ところが、江戸の町境を仕切る木戸《きど》はすでに閉じられている。火事騒ぎを起こした咎《とが》で死罪に処せられることを覚悟し、お七は火の見櫓《みやぐら》に昇って半鐘を打ち鳴らす。慌てた町々の木戸番が開け放った隙に武兵衛の店まで辿り着いたお杉は、首尾よく盗み出した名刀を手に、吉三郎の寺へとひた走るのだった。

村雨丸《むらさめまる》

所持者

犬塚信乃《いぬづかしの》

DATA

読　　　本：『南総里見八犬伝』

江戸の伝奇ロマン

波乱万丈ということばは、この作品のためにあるといっても決して過言ではないだろう。

江戸時代後期の戯作者《げさくしゃ》・滝沢《たきざわ》（曲亭《きょくてい》）馬琴《ばきん》（1767 ～ 1848）が晩年まで最も力を注いだ、といわれる読本『南総里見八犬伝《なんそうさとみはっけんでん》』は、現在まで連綿と続く伝奇小説のパイオニアというべき存在だ。馬琴は『水滸伝《すいこでん》』をメインモチーフに『三国志演義《さんごくしえんぎ》』『西遊記《さいゆうき》』の二大口語小説、さらに文語小説の『捜神記《そうじんき》』に至るまでの唐土《もろこし》（中国）の諸作品に材を得て、わが国初の伝奇小説を創造した。

室町時代を舞台とする本作品の主人公は、武士の規範とされた仁義八行を一文字ずつ背負う若武者たちだ。非業の死を遂げた安房《あわ》の武将・里見家の姫君愛用の数珠から弾けた８つの聖玉が関八州《かんはっしゅう》に飛び散って、それぞれの名前に「仁《じん》」「義《ぎ》」「礼《れい》」「智《ち》」「信《しん》」「忠《ちゅう》」「孝《こう》」「悌《てい》」を冠《かん》すると同時に、赤い痣《あざ》を持つ子供が生まれる。それが犬江親兵衛仁《いぬえしんべえまさし》、犬塚荘助義任《いぬづかそうすけよしとう》、犬村大角礼儀《いぬむらだいかくまさのり》、犬坂《いぬさか》毛野胤智《けのたねとも》、犬飼現八信道《いぬかいげんぱちのぶみち》、犬山道節忠与《いぬやまどうせつただとも》、犬塚信乃戍孝《いぬづかしのもりたか》、犬田小文吾悌順《いぬたこぶんごやすより》の八犬士である。

不幸な孤児として成長した犬士たちが次々に出会い、揃って里見家再興のために力を尽くす『南総里見八犬伝』は前代未聞の大長編となり、完結まで実に28年を要した。もちろん、破格とも言える人気作だったからこそ執筆にこれほどの時が費やされたのであり、もしも江戸庶民の熱狂がなければ、馬琴は75歳で不幸にして失明し、口述筆記でようやく完結させるほどの苦労も伴わなかったに違いない。

ともあれ、これほどの人気作となれば『南総里見八犬伝』が劇化されるのも

時間の問題だった。当時の江戸では、小説（読本）を脚色することは芝居作者の沽券に関わったといわれるが、馬琴の『八犬伝』には、かかる旧習を打破して余りあるほどの力が満ちていたと言えるだろう。

当初は不入りだった「里見八犬伝物」も、浄瑠璃『梅魁《はなのあに》 莟《つぼみ》 八総《やつふさ》』が天保《てんぽう》7年（1836）7月、大坂《おおさか》稲荷《いなり》境内の枡屋《ますや》座にてほぼ原作通りの内容で上演され、歌舞伎でも『八犬伝評判楼閣《はっけんでんうわさのたかどの》』が同年4月に江戸森田《もりた》座で上演されて大入りとなるに及び、ついに刷《すり》文字のみならず古典芸能の舞台上においても、不動の人気を勝ち得たのである。

八犬士一の美剣士と共に

さて、個性的な犬士たちが活躍する『南総里見八犬伝』の中でとりわけ目立つキャラクターといえば、犬塚信乃である。れっきとした男子でありながら元《げん》服《ぷく》するまで娘として育てられた信乃は、女性かと見紛うほどの美青年に成長し、八犬士でも随一の人気者として知られる。

信乃の唯一の肉親である父の大塚《おおつか》（犬塚）番作《ばんさく》は、関東管領《かんれい》・足利持氏《もちうじ》公の忠臣だった。落城に際して主君より託された源氏《げんじ》重代の名刀・村雨丸《むらさめまる》を守るために半士半農の郷士《ごうし》となり、世を忍びながら信乃を育ててきたのである。その番作も、死に見舞われる時が来た。番作は遺言と共に村雨丸を信乃少年に託すのだが、まるで村雨に洗われるかの如く、幾人斬っても血が刀身に残らないほどの切れ味を誇る名刀となれば、邪な者たちが目を付けぬはずがなかった。一度は奪われてしまう信乃だが、取り戻してからは無二の愛刀として手離さず、村雨丸と共に里見家再興の戦いの渦中へと飛び込んでいく。

里見家再興を阻む敵として、そして関八州に災いをもたらす大悪として八犬士が倒さなくてはならない最大の相手は、足利氏を滅ぼした関東管領の扇谷《おうぎたに》定正《さだまさ》である。その定正に与《くみ》する武将の一人に、亡き持氏公の血縁に当たる成《なり》氏《うじ》公がいた。

今は無二の愛刀とはいえ、村雨丸は、あくまでも父が主君より託された預かり物である。いかに敵対する間柄でも、武士の規範を体現する八犬士の一人として、そして「信」の一字を背負う身として、信乃は亡き父の番作が大恩を受けた足利一族を、裏切るわけにはいかないのだ。里見方が勝利を収めるのを待ち、信乃は幸いにして一連の戦いの渦中で手にかけずに済んだ成氏公の許を訪ねると、謹んで村雨丸を返納するのだった。

『天竺徳兵衛韓噺』波切丸

　里見家ゆかりの８人の忠臣をモデルにしたともいわれる『南総里見八犬伝』と同様、やはり実在の人物を翻案して作られた伝奇作品をご紹介しておこう。

　鎖国以前に天竺《てんじく》（インド）への連続渡航を行った播州《ばんしゅう》播磨《はりま》の漁師・天竺徳兵衛《てんじくとくべえ》（1632？〜1710？）の聞き書きを基に、日本転覆の野望を抱いて海を渡る男のドラマとして作られた「天竺徳兵衛物」は文化《ぶんか》元年（1804）７月、江戸河原崎《かわらざき》座にて初演された４世鶴屋南北《つるやなんぼく》作『天竺徳兵衛韓噺《いこくばなし》』が決定打となり、題名を変更しながら現在まで上演され続ける人気作となった。

　歌舞伎ならではのケレン味が随所にちりばめられ、水中早替りを最大の見せ場とする本作品には将軍家の宝剣・波切丸《なみきりまる》が登場し、書いて字の如く荒波をも切り裂く名刀として、大海を自在に駆け巡る主人公と行動を共にするにふさわしい存在感を発揮している。

第四章　江戸幕末

家宝《かほう》の名刀《めいとう》・祝宴《しゅくえん》の名刀《めいとう》

所持者

菊地半四郎《きくちはんしろう》・美濃部伊織《みのべいおり》

DATA

歌　舞　伎：『鳥辺山心中』『ぢいさんばあさん』

近代に生まれた名刀狂言

300年近くに及んだ徳川の世が終焉を迎え、近代を迎えてからも名刀が登場する歌舞伎狂言は数多く作られている。それだけ、刀は時代を超えて古典芸能に欠かせない、重要な小道具ということになるのだろう。

本項でご紹介する『鳥辺山心中《とりべやましんじゅう》』と『ぢいさんばあさん』は、一振りの刀を主軸にして展開される秀作の2本である。

悲恋の結末を看取った宝剣
――『鳥辺山心中』家宝の名刀

大正4年（1915）9月、東京《とうきょう》本郷《はんごう》座にて初演された、岡本綺堂《おかもときどう》作の『鳥辺山心中』は、古典芸能の手法を踏襲しながら、近代的な恋愛至上主義を高らかに歌い上げた一編である。

時は幕末。上洛する将軍の供として、京に上った若い旗本の菊地半四郎《きくちはんしろう》は祇園《ぎおん》の遊女お染《そめ》と恋仲になる。純真なお染に惹かれ、身請《みう》けして自由の身にした上で親元に返してやりたいと決意した半四郎は、江戸へ戻る前に家宝の名刀を売り払い、金を作ろうと思い立つ。

いよいよ京を去る日が間近に迫った夜、同輩の坂田市之助《さかたいちのすけ》と茶屋遊びに出かけた半四郎は、居合わせた市之助の弟の源四郎《げんしろう》と口論になり、河原で果たし合いに及んだあげくに討ち果たした。愛する女を自由にするための金に替えるはずだった名刀に、愚かにも無益な血を吸わせてしまったのだ。

己の行為を悔いた半四郎は、その場で切腹しようとする。駆け付けたお染は

共に死ぬことを願い、2人は古来より死者を葬る地である鳥辺山《とりべやま》へと向かう。もはやこの世で添い遂げられないとなれば、この京都の墓所である鳥辺山にて心中し、来世で夫婦になろうと2人は望んだのだ。半四郎とお染は永遠の愛を誓い、臆することなく互いに命を捧げ合うのであった。

本来、歌舞伎の中で描かれる男女の恋愛模様といえば、多くは欲得ずくであり、騙し騙される駆け引きの妙にこそ魅力があった。

しかし、半四郎とお染の間には打算もなにもない。お互いの身分と立場の違いを超えた、確かな愛情で固く結ばれていることが随所で描かれているからこそ、名刀を手放そうと決意する半四郎も、切腹を覚悟した恋人との心中を望むお染も、その行動には違和感がないのだ。

刀という旧時代の武士の権威の象徴が、近代的な恋愛至上主義に全編が貫かれた作品世界を盛り上げるために欠かせない小道具として、効果的に機能している点は大いに注目するべきだろう。

変わらぬ愛のあかしの一振り ——『ぢいさんばあさん』祝宴の名刀

昭和26年（1951）7月、歌舞伎座で初演された『ぢいさんばあさん』は明治の文豪・森鴎外《もりおうがい》が手がけた、江戸時代を舞台とする短編小説を、宇野信夫《うののぶお》が脚本化した一編だ。

近所でも評判の老夫婦の過去が明かされていく本作品は、一振りの刀が悲劇を招くという悲しい展開を交えつつ、変わらぬ愛で結ばれた夫婦の絆が濃《こま》やかに描かれている。

美濃部伊織《みのべいおり》は文武両道に優れていながら癇癪《かんしゃく》持ちなのが玉に傷。そんな伊織の許に嫁いできたるんは、武家屋敷の奥向きの奉公を長年勤め上げた、家庭的で働き者の女性だった。るんとの満ち足りた暮らしの中で、伊織の癇癪も自然と落ち着いてくる。

ある日、おしどり夫婦の日常に変化が訪れた。るんの弟が果たし合いで傷を負ったため、伊織が代人として単身上京し、その勤めを代わりに行うことになったのだ。愛妻を江戸に残し、京に上った伊織はつつがなく勤めを全うするが、些細《ささい》なことから悲劇が起こる。

剣術を好む伊織は、刀にも関心が強い。

洛中《らくちゅう》で見つけた古刀《ことう》の逸品がどうしても欲しくなり、不足分を同輩で金回りのいい下島甚右衛門《しもじまじんえもん》から借り受け、晴れて念願の一振りを手に入れる。

悲劇は、名刀披露の祝宴の最中に起こった。

料亭に一席を設け、親しい友を招いて催した披露の宴《うたげ》に、泥酔した甚右衛門が乗り込んできたのである。

もとより、伊織と甚右衛門は昵懇《じっこん》の間柄ではない。単に金策を依頼しただけという間柄だったのだが、祝宴に招かれなかったのは自分が軽んじられたためと逆恨みした甚右衛門は伊織を罵倒し、あげくの果てに蹴り付ける。

久しく絶えていた伊織の癇癪が弾けたとき、その手には宴の主役である名刀が握られていた。なまじ腕が立つのが災いし、浴びせた一刀を受けた甚右衛門は絶命してしまう。

同輩を斬ったのは心得違いの所業と断じられ、下された裁きは家禄《かろく》没収の上で越前《えちぜん》の有馬《ありま》家にお預けという、厳しいものだった。残されたるんは筑前《えちぜん》黒田《くろだ》家の江戸藩邸に奉公し、美濃部家の墓を守りつつ、夫に操を立てて生きる道を選んだ。

それから37年の時を経て、赦《ゆる》された伊織が帰ってくる。

34歳と29歳で別れたときの記憶しか持たない2人だが、夫婦の絆はまだ切れてはいなかった。揃って白髪になったおしどり夫婦は自然に寄り添い、再び共に暮らそうと決意するのだった。

名刀が悲劇を招くという展開を経てのハッピーエンドは、退廃の美とはまた違った歌舞伎の魅力を、観る者に優しく伝えてくれる。

平手造酒《ひらてみき》の刀《かたな》

所持者

平手造酒《ひらてみき》

DATA

講談・浪曲：『天保水滸伝』

二大博徒の総力戦

浪曲師《ろうきょくし》・広沢虎造《ひろさわとらぞう》の名調子で知られる『天保水滸伝《てんぽうすいこでん》』は、幕末の動乱前の下総《しもうさ》（千葉県北部と茨城県南西部）で勃発した、博徒《ばくと》同士の抗争を基に生まれた作品である。

時は、天保《てんぽう》15年（1844）。笹川《ささがわ》の繁蔵《しげぞう》（1810～1844）と飯岡《いいおか》の助五郎《すけごろう》（1792～1859）の両一家が激突したのは、同年8月3日のことだった。

大利根河原《おおとねがわら》の決闘というイメージから、いかにもそれらしい喧嘩出入りの印象を受けるが、実態は違う。

かねてより、繁蔵とその一家の若い者たちに命を狙われていた助五郎は十《じゅっ》手《て》を預かる立場を利用し、関東取締出役《かんとうとりしまりでやく》より捕物の許しを得た上で繁蔵の家を襲ったのだ。つまり、助五郎に逮捕されそうになった繁蔵が刃物を振るって抵抗した結果、双方の一家を挙げての大乱闘になったということである。むろん、助五郎が大義名分の下に繁蔵一家を潰そうと目論んだであろうことは、想像に難くない。その内実は、下総の利権を争う二大博徒の総力戦だったと見なしていいだろう。

結果は、繁蔵一家の大勝利に終わる。

多くの死傷者を出して逃げ散った助五郎一家に対し、繁蔵側の死者はわずか1名の浪人にすぎなかった。

その浪人の名を、平手造酒《ひらてみき》という。

玄武館の俊英

平手造酒（本名平田深喜《ひらたみき》 ？～1844）については、神田《かんだ》お玉が池の玄武館《げんぶかん》道場で北辰一刀流《ほくしんいっとうりゅう》を修め、剣に熟達した俊英ということ以外、明らかにされていない。しかし、繁蔵方に加勢して重傷を負い、回復せぬままに亡くなったことまではわかっている。享年は31歳だったとも、37もしくは38歳ともいわれる。

それにしてもわからないのは、いかに浪々の身とはいえ、かの千葉周作《ちばしゅうさく》門下で師より直々に剣を学び、俊英と謳われたほどの人物が、どこをどうして下総の博徒の喧嘩出入りに加わったのかである。

流浪の身を用心棒に雇われたと解釈するのが一般的だが、たとえ旅の途中で繁蔵一家との関わりが生じたとしても、それは用心棒ではなく、剣術指南としてのことだったのではあるまいか。

博徒は、刀の使い方を知らない。

彼らが喧嘩出入りや護身のために帯びたのは長脇差《ながどす》と総称される、反《そ》りの浅い刀身2尺（約60㌢）以下の刀である。

粗末だったのは、長脇差の造りそのものだけではない。

武士の子と違って、博徒が幼いときから正規の剣術を学んでいるはずもないし、たとえ成長してから町道場通いを経験したとしても、せいぜいのところが防具を着けて竹刀で打ち合い、組み合う稽古どまりである。木刀を用いて形《かた》稽古を積み、実戦に応用するまでには至らない。

剣術の稽古方法が体系化された江戸時代後期には、木刀、さらに真刀《しんとう》で斬り、突く感覚を身につけるのは生粋の武士にとっても、難しいことだった。

平手造酒の剣術がどこまでの域に達していたかは、判然としない。

ひとつだけ言えるのは、彼の修めた北辰一刀流が、剣術の稽古方法のみならず、修業の到達度を示す位階《いかい》取得の形式を、大々的に整備した流派であるという事実だ。

有名なだけでなく、わかりやすいカリキュラムに添った指導法を身上とする流派の剣技を修めた人物とたまたま巡り会ったとなれば、繁蔵一家が喧嘩出入りに備え、万全に腕を鍛えるための指南を仰ぐべく過分な期待を抱いていたとしても、なんら不思議ではあるまい。

大利根河原の落日

繁蔵一家と助五郎一家の出入りが雌雄を決した後、現場近くの竹藪《たけやぶ》から全身をずたずたに斬られた浪人の死骸が出てきた。

平手造酒が受けた傷は 11 カ所とも 21 カ所ともいわれるが、判然としない。

北辰一刀流の達人が、どうして剣術をロクに知らない博徒相手の喧嘩出入りでもろくも最期を遂げたのか。

原因は、繁蔵との諍いにあった。

得難い剣術指南として招いていながら、助五郎に内通していると疑った繁蔵は刀を取り上げてしまったのだ。

やむなく代わりの長脇差で戦ったものの、使い馴れた大刀に比べて余りにも脆《もろ》く、短い刀身では、腕に覚えの北辰一刀流も発揮し得なかった。

鍔元《つばもと》から折れた長脇差を手にしたまま、数に任せて押し寄せる助五郎の乾《こ》分《ぶん》たちに斬り苛まれて、玄武館の俊英は無念の最期を遂げた。

COLUMN

江戸三大道場

北辰一刀《ほくしんいっとう》流の玄武《げんぶ》館、神道無念《しんとうむねん》流の練兵《れんぺい》館、鏡心明智《きょうしんめいち》流の士学《しがく》館は世に「江戸三大道場」と名高い。

江戸時代中期から幕末にかけて普及した竹刀《しない》と防具を導入し、他流派の出身者も積極的に受け入れた三大道場には、全国の諸藩より集まってきた若者たちがこぞって入門して交流を深め、幕末の動乱に際しては志士となって活躍した。

たとえば北辰一刀流の玄武館だけを例に挙げても、実に多彩な顔ぶれである。坂本竜馬《さかもとりょうま》（1835 ～ 67）はあまりにも有名だが、他にも山南敬助《やまなみけいすけ》（1833 ～ 65）ら新選組の幹部たちや、玄武館四天王と謳われた逸材で、戊辰《ぼしん》戦争では会津《あいづ》方に加勢して息子の虎雄ともども奮戦し、壮絶な死を遂げた飯野《いいの》藩士の森要蔵《もりようぞう》（1810 ～ 68）、桜田門外の変で井伊直弼《いいなおすけ》の首級を挙げた後に自決した薩摩藩士の有《あり》村治左衛門《むらじざえもん》（1838 ～ 60）など勤王・佐幕の別を問わず、幕末乱世に勇名を馳せた志士たちを輩出している。もしかしたら若き日の平手造酒《ひらてみき》も、世代の近い森要蔵と共に玄武館で汗を流していたのかもしれない。

加賀五郎義兼《かがごろうよしかね》

所持者

国定忠治《くにさだちゅうじ》

DATA

講釈・浪曲・舞台：国定忠治物

伝説のアウトロー

実在の博徒・国定忠治《くにさだちゅうじ》（1810 ～ 50）を主人公とするフィクションは枚挙に遑《いとま》がない。

とりわけ有名なのは講釈《こうしゃく》や浪曲であり、口舌《くぜつ》の語りを通じて世に広まったイメージを具現化した舞台であり、東海林太郎《しょうじたろう》の名曲『赤城《あかぎ》の子守唄』だ。

かつて新国劇《しんこくげき》で幾度となく上演された『国定忠治』には、きわめつきの名台詞がある。

「赤城の山も今宵を限り……俺にゃあ生涯手前《てめえ》という強え味方があったのだ。」

名山赤城を彼方に望み、愛刀・加賀五郎義兼《かがごろうよしかね》の長脇差を月光にかざして忠治がつぶやく名台詞。任侠ものに取り立ててご興味のない方でも、一度は耳にされたことがあるのではないだろうか。

上野国《こうずけのくに》（群馬県）は佐位郡国定村《さいごおりくにさだむら》（佐波郡東村東国定）の富農・長岡《ながおか》家の次男（長男ともいわれる）に生まれ、21 歳で博徒の親分の跡目を継いでから 30 年にも及ぶ波乱万丈の渡世を送った忠治は、代官《だいかん》に反抗して活躍した義《ぎ》侠《きょう》の徒《と》として、つとに名高い。

刑死した翌年の嘉永《かえい》 4 年（1851）に書かれたと見なされる『上州《じょうしゅう》国定忠治くどき』や、幕末の『嘉永水滸伝』（成立年未詳）を嚆矢《こうし》とする忠治賛美の傾向は、明治の世を迎えてから一層、顕著になっていく。講釈や浪曲を通じて広まる一方、明治 17 年（1884）に東京市村《いちむら》座にて初演された、3 世河竹新《かわたけしん》七《しち》作の歌舞伎『上州織侠客大縞《じょうしゅうおりたてしのおおしま》』に端を発し、ついに舞台化が始まった。名優・沢田正二郎《さわだしょうじろう》が忠治に扮した新国劇『国定忠治』（1919 年初演）以降も、

戦前・戦後を通じて、義侠の徒としての基本イメージは変わらない。
一代の英雄、国定忠治とは、どのような人物だったのか。

英雄伝説の虚実

敵対した他の親分衆や裏切った子分を容赦なく殺害させた、非情な一面を伝えるエピソードが歴として存在する一方で、忠治が英雄視されて止まないのはなぜだろう。それは有名な大戸《おおと》(吾妻郡吾妻町大戸)の関所破りに象徴される、公の権力に徹底して逆らってでも我を通す生き方が時代を超えた羨望の対象となったからであろう。もちろん、誰もが忠治のように生きられるわけではないし、そうなりたいとも思わないが、いつの世にも政治・経済が不安定な時代には英雄の出現が期待される。幕末を目前に一人のアウトローが時の英雄に祭り上げられたのは、忠治がフィクションの主人公に望ましい、羨望の対象としての諸条件を満たしていたからに他ならない。

名家の出だった忠治

忠治が活躍した天保《てんぽう》年間(1830 ~ 44)は、関東甲信越、さらには東海地方に至るまでの各地から有名な博徒が輩出され、それぞれ一家を構えている。渡《と》世人《せいにん》といわれる博徒たちが群雄割拠することが可能となったのは、幕末前夜の世相の乱れを反映してのことだった。

忠治のように、富裕な農家や商家の息子が身を持ち崩して、博徒になるケースを指して「お旦那博打打ち」と呼ぶ。なにしろ、養蚕と稲作で栄えた村の名家の跡継ぎだけに、小遣い銭には不自由しない。やがて親分と持ち上げられるようになったのも、必然の結果だった。

農村に博打の悪習が蔓延したのは、18 世紀後半頃のことである。理由は養蚕・生糸の商品生産が盛んになり、農民が現金収入を得られるようになったためだった。江戸の華やかな文化の影響も手伝って、この時代には農業を嫌って博打などの遊びを覚え、村の秩序に従わず不良化する若者が増えつつあった。彼らが犯罪に走れば家族のみならず、一族の全員が連帯責任を問われる。かくして、近世の農村では人別帳《にんべつちょう》(戸籍)から外されて無宿人になる若者が急増した。生まれ故郷にいられなくなった彼らは博徒と化して徒党を組み、次第にその勢力を拡大していくに至る。そういった帳外《はず》れの無宿人として博徒になっていった若者たちに対し、忠治はなんとも恵まれた立場だったわけである。裕福ゆえに持ち上げられ、最初から一家を構えるだけの余裕を持っていたのだ。

権力に与する博徒たち

忠治が活躍する以前から、幕府も博徒の急増に手をこまねいていたわけではなかった。文化《ぶんか》2年（1805）6月に関東取締出役《かんとうとりしまりでやく》を創設し、当時は関八州と呼ばれていた、関東甲信越の治安維持対策を講じている。にも関わらず、博徒が根絶されなかったのは幕府が彼らを必要悪と認めていたからに他ならない。

江戸の町奉行所同心が悪の世界に明るい者を岡っ引きとして雇い、手先にしていたのはよく知られている。関八州においても、まったく同じ現象が見られた。関東取締出役は十手《じゅって》持ちの特権を与えることで博徒を土地の顔役とし、犯罪者の摘発に利用する見返りに、アウトローとしての権益を黙認したのである。このように地方在住で博徒と十手持ちの二足のワラジを履いた者たちは、道案内《みちあんない》と称された。

真説・赤城の子守唄

忠治が生まれた19世紀初頭は、すでに博徒たちの群雄割拠が始まって久しい時期だった。当然、道案内の存在も一般化していた。

村の名家の息子ともなれば、たとえ身を持ち崩しても土地の顔役として十手を授かることは可能だったはずである。だが、忠治は道案内になったことが一度もない。のみならず、大罪と承知の上で「得物等携《えものとうたずさ》え」て関所破りを働き、裏切りの疑いをかけた同業の博徒で、道案内の三室《みむろ》の勘助《かんすけ》（中島《なかじま》勘助）を殺害している。

勘助は国定村に近い旗本領・三室村の名主《なぬし》格（収納役）であり、十手を預かっていた。忠治は子分の一人で、勘助の甥《おい》に当たる浅治郎《あさじろう》に手引きをさせて寝込みを襲い、太郎吉《たろきち》という名前の4歳児ともども殺害したというから非道きわまりない。忠治は、自分と同様に名のある家の出身のお旦那博打打ちであり、もしかしたら彼自身も成っていたかもしれない道案内である勘助を抹殺したのだ。

その非情なエピソードが一転して美化されたのが、有名な『赤城の子守唄』だ。

唄の中で、浅治郎（歌詞では板割りの浅太郎《あさたろう》）に無実の勘助を殺させたのを後悔した忠治は、責任を取るために勘助の遺児（歌詞では勘太郎《かんたろう》）を背負い、本拠地の赤城山から去る設定になっている。

最初、忠治は浅治郎を勘助に内通しているものと見なし、自ら斬ろうとした。それを同じく忠治の子分である日光《にっこう》の円蔵《えんぞう》が止め、身の潔白を証明するために叔父の勘助の首を持ってこざるを得なくなった浅治郎は、泣く泣く三室村へ向かう。覚悟を決めて待っていた勘助は進んで斬られ、その首と遺児を連れ帰った浅治郎の話を聞かされた忠治は、愕然となって改心するのである。

講釈や浪曲、舞台でおなじみの、赤城の山も今宵かぎり……の名場面はこの史実から生まれたものなのだ。忠治の非情な一面を伝えると同時にその英雄性が損われないように、ぎりぎりのところで人間味に満ちた設定を盛り込まずには置かなかったのが、かの名曲『赤城の子守唄』である。この唄のイメージが、後の国定忠治ものの舞台の原点になっていることを思うと、誠に興味深い。

庶民救済の真相

その実態は非情きわまりなかったにも関わらず、どうして忠治を庶民の英雄と賛美して止まない傾向が生まれたのだろうか。それは忠治の郷里の国定村が天保の大飢饉に際して、救済事業を行ったからである。

当時の関東取締出役の記録によると、天保8年（1837）2月、国定村の35人の分限者《ぶげんしゃ》が、134人の貧しい村人のために27両《りょう》1分《ぶ》1朱《しゅ》と2貫220文《もん》を寄付している。もちろん、この救済は忠治本人が行ったわけではない。村役人や富裕な百姓が金を出し合って、同じ村人のために施行《せぎょう》をしただけのことである。とはいえ、なんら飢饉を乗り切るための具体策を講じることができなかった公儀権力に頼らず、百姓が百姓を救うために尽力したという事実は、公儀に百姓が勝ったことにも等しい。いつしか国定村の施行が忠治とその一家の行為と置き換えられ、世間に流布するに至ったのは、お旦那博打打ちであり、十手を預かることを好まずに生涯を送った忠治には、フィクションの主人公としての諸条件が揃っていたからに他ならない。

郷里の美談が、その死後も絶えることのない美名を忠治に冠《かん》し、一代の英雄の座へと押し上げたのだ。

これほどの英雄となれば、腰の長脇差も無名では格好がつかない。そこで登場したのが、加賀五郎義兼の長脇差である。

作られた名刀伝説

「加賀国小松《こまつ》の住人五郎義兼が鍛えた業物、万年溜まりの雪水に浄めて、俺にゃあ生涯手前という強え味方があったのだ」

忠治の愛刀の作者とされる、加賀五郎義兼なる刀工は実在しない。

和泉国《いずみのくに》（大阪府）で鍛刀した貞治《じょうじ》年間（1362 ～ 68）の刀工に加賀四郎光正《しろうみつまさ》という人物が存在するため、これをもじった、架空の名称と思われる。ちなみに、この加賀四郎光正は古刀の中では上作《じょうさく》と位置付けられているが、斬れ味の鑑定結果である業物《わざもの》には含まれていない。

そもそも、博徒の差す長脇差が、著名な刀工の作というのは有り得ない話である。武士、もしくは士分に準じる者以外には帯刀は許されない行為であった。にも関わらず博徒は公然と長脇差を差していたわけだが、これは厳密には帯刀ではない。刀身２尺（約 60㌢）の大刀に、１尺（約 30㌢）強の脇差《わきざし》を添えて差した状態が帯刀であり、あくまでも二本差しは武士階級の特権である。しかし、２尺以下の脇差を一本差しにするのであれば、法には触れない。

もちろん、江戸市中で堂々と差して歩いていれば取り締まりの対象にもなってくるだろうが、村々を拠点とする博徒、とりわけ十手持ちの道案内は長脇差の携行が大目に見られていた。また、旅の途中であればふつうの庶民と同様、道中の用心のために脇差を差していても問題はなかったわけである。

いずれにしても一本差し、刀身は１尺７寸～８寸（約 51 ～ 54㌢）であり、せいぜい１尺９寸（約 57㌢）が限界の長脇差だ。剣術の技を発揮するための武具ではない。斬るよりも突く、あるいは振り回して威嚇するために役立てるのがせいぜいであり、刃筋《はすじ》を通して対象を斬割《ざんかつ》しようとしても折れてしまいかねない。

先に挙げた勘助殺しをはじめとする、幾つかの非情なエピソードを残す忠治だが、陣頭に立って長脇差を振るったという記録はないし、それこそフィクションの世界のお話にすぎない。子分を幾人も抱えていれば、何事も命じれば片は付くからだ。自ら人を斬ることがなければ、わざわざ名のある刀を入手して磨り上げ、長脇差にする必要などはあるまい。忠治の愛刀となった加賀五郎義兼は、刀工が架空であれば、博徒の所持する長脇差としての必然性もまた、皆無である。にも関わらず、いかにも由緒ありげな刀工名が冠せられたのは、国定忠治という一代の英雄を権威づけるためのアイテムとして、それが必要不可欠だったからに他ならないだろう。

落語《らくご》の刀《かたな》

DATA

落　　語：『巖流島』『紀州』『首提灯』『仇討屋』『花見の仇討』『蟇の油』『七段目』『四段目』『道具屋』『品川心中』

落とし話の事始《ことはじめ》

落語の歴史は、戦国乱世にまでさかのぼる。

諸国に群雄割拠した名将たちは日々の無聊《ぶりょう》をまぎらわせるため、傍《そば》近くに「御伽衆《おとぎしゅう》」と呼ばれる者たちを仕えさせていた。古今の逸話を聞き覚え面白おかしく語ってくれる者たちの存在は、権力闘争に明け暮れる為政者たちにとってなによりの慰めだったのだ。そんな御伽衆の語りの中から笑い話が独立し、江戸時代を迎えてからは不特定多数の聴衆を相手に、小咄《こばなし》として披露されるようになる。江戸時代後期の文化《ぶんか》・文政《ぶんせい》年間（1804～30）には定打《じょうう》ちの寄席が設けられ、現代の落語の形式が確立されるまでに至った。

さて、落語といえば欠かせないのが唯一の小道具である扇子《せんす》と手ぬぐいを用いたしぐさ（仕方《しかた》）である。老若男女のすべてを噺家《はなしか》一人で演じる上で、それぞれの特徴的な型が落語の長い歴史の中で考え出され、限られた小道具を無限に用いる仕方が時代を越えて伝えられてきた。

武士が登場する噺では扇子は刀から槍、さらには鎖鎌《くさりがま》とさまざまな武具に見立てられる。町人が主役の噺で心中や殺しが出てくると、たちどころに短刀に変じて、聴衆の前には迫真の場面が、お笑いの要素を絶妙に交えながら現れるという趣向なのだ。

それでは、刀と短刀が登場する代表的な噺を具体例に挙げ、落語の刀の見どころ、聴きどころをご紹介していこう。

大名・武家噺
『巖流島』『紀州』『首提灯』

まずは『巖流島《がんりゅうじま》』の一席を。

宮本武蔵と佐々木小次郎の決闘かと思いきや、さにあらず。剣聖・塚原卜《つかはらぼく》伝《でん》の逸話を翻案した本作品は、渡し船の上であわや斬り合いという局面を見事に収める老武士と、乱暴な若い侍の対象の妙を描いたお話だ。

狭い船の中で、周りの迷惑もかえりみず煙管《キセル》を吹かす若い侍。火玉を川に落とそうと船べりに打ちつけたところが折れてしまい、雁首《がんくび》はぶくぶく沈んでしまう。怒った若侍は他の客たちに八つ当たりを始め、見かねた老武士がたしなめると逆上し、刀を抜こうとする始末だ。果たし合いを挑まれた老武士はやむなく槍を取る。中洲《なかす》に差しかかったところで若侍は船を飛び出し、いざ勝負かと思いきや老武士は槍の柄《え》で船を押し出し、戸惑う船頭に構わず先に進めと告げる。見事にしてやられた若侍は着物を脱ぐと川に飛び込み、抜き手を切って迫ってくる。大混乱になる船上であったがさすがの老武士だけは慌てず騒がず、まだ懲りぬかと若侍を一喝。すると返ってきたのは、誠に殊勝な答えだった。

「いや、さっきの煙管の雁首を探しに来た」

『紀州《きしゅう》』は、８代将軍の座を紀州公（徳川吉宗）と争った尾張《おわり》徳川家の殿様が主役の噺。いずれが新将軍か決まる日、江戸城へ向かう尾州《びしゅう》公は乗物（駕《か》籠《ご》）の中で気が気でない。すると往来の刀鍛冶の店からトンテンカンと鎚の音が聞こえる。それが「テンカトル」と聞こえた尾州公、幸先が良いと喜びながら登城すると、一番に将軍任官の声がかかる。尾州公は殊勝にも辞退して再び声をかけてもらおうと期待するが、結果は紀州公に決まってしまう。落胆して藩邸へと戻る尾州公の乗物は、また刀鍛冶の店の前に差しかかる。聞こえてくるのは、先程と同じ「テンカトル」。まだ望みは消えていないと尾州公が思った瞬間、刀鍛冶は真っ赤に焼けた刀身を水の中へ。すると盛大に「キシュ〜」。

「あ、やはり余ではなかったか」

おしまいの『首提灯《くびぢょうちん》』は、おかしいながらもちょっと血生臭いお話。

品川《しながわ》の岡場所《おかばしょ》へ向かう、威勢のいい職人。芝増上寺《しばぞうじょうじ》の前を通りかかると田舎侍に呼び止められ、道を尋ねられる。横柄な口のきき方に腹を立て、悪態をついた上に紋服《もんぷく》に唾を吐きかける。怒った侍は、抜く手も見せずに大刀を一閃させて去っていく。職人はその背中に罵声を浴びせかけ、再び歩き出そうとするが、どうも様子がおかしい。いつの間に斬られたのか、首がずれ落ちかけているのだ。押さえながらそろそろと歩いていると、近くで火事が起こったらしく、やじ馬たちが駆けてくる。ぶつかって落としては大変と首を持ち上げた職人、人避《ひとよ》けの提灯よろしく、ひょいと掲げて自分も駆け出す。

「はい御免よ、はい御免よ」

浪人が主役の『仇討屋』『花見の仇討』『蟇の油』

落語には主家を離れた浪人《ろうにん》も大挙して登場する。歌舞伎や文楽では剣の達人と描かれるのが常だが、落語の世界となるといささか勝手が違うようで、派手に刀を振るう場面が出てきても、その腕前はおぼつかない。

界隈の茶店から頼まれた浪人が、仲間と仇討ちの芝居を仕組んで人集めをする『仇討屋《あだうちや》』。

町人たちが花見の茶番に衣装と小道具を借りてきて仇討ちの真似事を始めたところ、勘違いした本物の侍が助っ人を買って出たために、斬られそうになった浪人役が慌てて逃げ出す『花見の仇討』。

自分の腕を傷付けて塗り薬の効能を見物人に証明する浪人が、酒を飲み過ぎていたために血が止まらずに「どなたか血止めの薬をお持ちの方がござらぬか」と言い出す『蟇《がま》の油』。

いずれもトホホな感じの漂う名編だ。

庶民が主役の『七段目』『四段目』『道具屋』『品川心中』

町人だけしか登場しない噺と、武士の身分標章の刀。一見すると無縁に思えるが、所有すること自体はお構いなしであり、大小の二刀こそ武士か苗字《みょうじ》帯刀を許された者以外は厳禁でも、刀身2尺（約60センチ）以下の脇差《わきざし》や短刀は持ち歩いても良かった。

芝居好きで家業に身の入らない若旦那が、折檻のために閉じ込められた蔵の中に仕舞ってあった刀を持ち出し、抜き身片手に名場面を演じて様子を見に来た店の者たちを慌てさせる『七段目《しちだんめ》』『四段目《よだんめ》』。なまけものの与太郎《よたろう》が伯父の古道具屋の店番を仰せつかり、木刀を刀と間違えて抜けないと文句をつける客に合わせて、一緒に引っ張りっこをする『道具屋』。馴染みの女郎に心中を持ちかけられて、死ぬために買った短刀が錆《さび》だらけな上に忘れてきてしまう『品川心中』と、出てくる刀は物騒なようで全然危なくない、町人社会ならではの

妙薬

おかしみに満ちた扱いをされている。

至芸の「刀」さばきが噺を紡ぐ

落語の面白さは、オチがあらかじめわかっていたとしても、いささかも損われるものではない。最後のまとめを承知の上で聴いていると、オチに持っていく噺家の話芸が、むしろ楽しめると言えるだろう。文字化された全集本を読み、高座《こうざ》に足を運んでいただければ、噺家個々人の話芸がいかに巧みでありユニークであるのかを、実感していただけると思う。その折にはぜひ、1本の扇子で短刀から稀代の名刀までを自在に演じ分ける噺家たちの「刀」さばきにも、大いに注目してもらいたい。

COLUMN

町人と刀

落語の世界を覗いてみると、江戸時代の庶民にとって刀は意外と身近な存在だったことが分かる。

ご紹介した『七段目』『四段目』では、商家の蔵になにげなく刀がしまわれているし、露店の古道具屋が舞台の『道具屋』には、店頭に出ていた木刀を本身と思って買おうとする客が登場する。

刀は武士以外は持つことも買うこともできなかったのではないかと思われがちだが、それは明らかな誤解である。町人が禁じられたのは大小の二刀を帯びることだけで、長さにこそ制限が加えられたものの、一本差しであれば基本的にはお構いなしだったのだ。

江戸時代、刀と脇差《わきざし》をワンセットにした二本差しは、武士の身分標章と定められていた。直参《じきさん》の旗本・御家人であれ、諸大名の家臣(陪臣)であれ、現役でいる限りは外出時に必ず大小の刀を帯びることが義務づけられたのである。時代劇には大刀を一本差しにした浪人や、脇差のみ差した武家のご隠居といった人物がしばしば出てくる。彼らは現役を退き、禄《ろく》を離れ、もはや正式な武士ではないという前提のもとに、あえて二本差しを控えているだけなのだ。つまり無禄の浪人でも、ひとたび仕官が叶えば大小の二刀をきちんと帯用しなくてはならなかったわけである。

刀を差すこと自体ではなく、二本差しの姿こそが現役の武士だけに許された特権であり、義務だったのだ。

長曾禰虎徹《ながそねこてつ》・和泉守兼定《いずみのかみかねさだ》

所持者

近藤勇《こんどういさみ》・土方歳三《ひじかたとしぞう》

DATA

小説・映画の新選組物

悪役だった新選組

幾度となく舞台、映画、テレビドラマの題材に取り上げられ、時代劇を代表するヒーロー集団の風格を備える新選組《しんせんぐみ》。

その新選組が、かつてのフィクション世界では悪役扱いされていた、と言うと驚かれるだろうが、事実である。司馬遼太郎《しばりょうたろう》の連作時代小説『新選組血風《けっぷう》録《ろく》』が昭和39年（1965）にテレビ化されて人気を博し、同じく司馬原作の『燃えよ剣』が同45年（1970）に放映されて一大ブームを巻き起こす遥か以前、戦前・戦後の一時期まで、新選組の扱いはきわめて不遇なものだったのだ。

幕末の当時を知る古老たちが存命中の貴重な聞き書きであり、新選組の知名度を高めた記念作として、子母沢寛《しもざわかん》の『新選組始末記《しまつき》』（1928）、『新選組遺《い》聞《ぶん》』（1929）、『新選組物語』（1931）の計3冊、いわゆる「新選組三部作」はつとに有名である。しかし、この新選組三部作が発表された前後のフィクション世界において、新選組はまだヒーローとは程遠い存在だった。新選組を主役とする舞台や無声映画は、大正時代末期から作られ始めているが、その当時のイメージはといえば勤王《きんのう》派の志士を命じられるままに粛正して廻る、幕府の走狗《そうく》といったもので、観客が好感を抱くことのできる人物像は与えられていなかった。

数少ない例外として大仏次郎《おさらぎじろう》原作、嵐寛寿郎《あらしかんじゅうろう》主演で戦前・戦後を通じて40本が作られた人気時代劇映画『鞍馬天狗《くらまてんぐ》』において、局長の近藤勇《こんどういさみ》が主役の鞍馬天狗と対等に渡り合える、剣の達人と設定されたのがせいぜいのところだった。その近藤にしても「敵ながら天晴《あっぱ》れ」といった位置付けで主役を引き立てる役柄にすぎず、司馬原作の諸作品のように確かな個性を備えた、貫禄十分なキャラクターが確立されたわけではない。『新選組血風録』と『燃えよ剣』

がいかに画期的な作品だったのかを、改めて実感していただけるのではないだろうか。

閑話休題。

司馬作品以前の新選組ものにおける、近藤の決め台詞として

「今宵の虎徹《こてつ》は血に飢えている」

というフレーズが存在したのをご存じだろうか（「今宵の虎徹はよく斬れる」ともいう）。

実在した近藤とはかけ離れたイメージに違いないが、剣鬼という呼称を彷《ほう》彿《ふつ》とさせずに置かない、きわめてシンプルながらもひとたび耳にしたら二度と忘れられない響きを持つ、まさに名台詞と言うべきだろう。

さて、ここに言う虎徹とは江戸時代初期に活躍した稀代の名工・長曾禰《ながそね》虎徹（1605 ～ 78）のことを指す。剣豪・近藤勇の代名詞というべき名刀。それが虎徹なのだ。「今宵は……」の名台詞こそ最近は廃《すた》れたものの、今も昔もフィクション世界における近藤のイメージはひとえに、愛刀と伝えられる虎徹が名刀であり、また「よく斬れる」剛刀だった史実に裏付けられていると言っても、決して過言ではあるまい。

新選組局長の秘蔵刀

新刀の横綱と讃えられて止まない名工・長曾禰虎徹は、戦国時代に滅亡した近江国《おうみのくに》（滋賀県）の金工師《きんこうし》一族の末裔だったという。少年の頃に戦火を逃れて越前国《えちぜんのくに》（福井県）に移住し、成長した虎徹は甲冑《かっちゅう》鍛冶として働きながら刀を鍛えるようになった。江戸に出てきて刀工を本業とするに至ったのは 50 歳の頃と見なされており、刀剣史上は明暦《めいれき》年間（1655 ～ 58）から寛文《かんぶん》年間（1661 ～ 73）の人物となっている。

齢《よわい》五十にして専業の刀工となった虎徹が早々と評判を勝ち得るに至ったのは、天性の才能に加えて甲冑鍛冶として培った、鉄を鍛える術が優れていたからに他ならない。刀の素材は、鉄である。その鉄の鍛えが良ければ良いほどに、斬れ味鋭い刀が生まれるのは必定というもの。虎徹作の刀は

「良く荒鍬《あらくわ》を刺徹《してつ》し、石燈籠《いしどうろう》の笠を両断した」

といわれるほどに鋭利であり、焼幅の広い直刃《すぐは》もしくは互《ぐ》の目を特徴とする刃文《はもん》も、地鉄《じがね》の冴えも他の刀工の追随を許さない、とまで絶賛されている（本阿彌光遜《ほんあみこうそん》『日本刀の掟と特徴』）。

確かに分厚い鍬を貫き、石燈籠を断ち割るほどの剛刀ならば、武用刀としては最高のものと見なすべきだろう。

その虎徹に執着した近藤は、天然理心流《てんねんりしんりゅう》4代宗家の立場に満足することを潔しとせず、将軍の直轄領（天領《てんりょう》）である多摩の出身者として、徳川家の危機を救うべく立ち上がった人物だ。我が身を盾に幕府の尖兵《せんぺい》となる以上、格別の武具を手にしたい、と仮に思い立ったとしても、まったく不自然ではない。『新選組血風録』に収録の一編「虎徹」においては、上洛を前にした近藤が刀剣商に虎徹の偽物をつかまされるという設定が為されている。その偽物を本物と信じ、かの池田屋《いけだや》事件を始めとする数々の修羅場を切り抜けていく近藤の剛直な姿が描かれた「虎徹」は、誠に興味深い一編である。

実在の近藤が虎徹の所有者だったのは、池田屋事件後に江戸へ送られた手紙の一節に

「下拙《げせつ》（註・近藤の自称）の刀は虎徹故《ゆえ》に候《そうろう》哉《かな》、無事に御座候《ござそうろう》。」

と、近藤が池田屋へ斬り込む際に携行し、生還できたのは虎徹のおかげである旨が明記されていることからも明らかだ。確かに真贋《しんがん》の程は神のみぞ知るところであろうが、近藤が一命を託した名刀は、確かに現存したという証言こそあるものの、存在は今や杳《よう》として知れない。

ちなみに、近藤の愛刀と伝えられるのは虎徹だけではない。池田屋での手柄の褒美として会津藩主《あいづはんしゅ》・松平容保《まつだいらかたもり》より拝領した三善長道《みよしながみち》、江戸で「四谷《よつや》正宗」の異名を取った新々刀《しんしんとう》期の人気刀工で、司馬が『新選組血風録』にて近藤の虎徹の正体と設定した源清麿《みなもとのきよまろ》、京より江戸へ撤退し、新政府軍に最後の戦いを挑むべく甲陽鎮撫隊《こうようちんぶたい》を率いたときに佩用した宗貞《むねさだ》など、数々の名刀を所有したという。しかし、近藤の代名詞として衆目が一致するところは、やはり虎徹であろう。他ならぬ近藤勇その人が堂々と書簡に明記できたのは修羅場の渦中において振るい、共に生還した愛刀なればこその、絶対の信頼ゆえのことだったに違いない。

虎徹の銘

名刀コレクター・土方歳三

近藤を支えた新選組のナンバーツーで、「鬼の副長」のフレーズで余りにも有名な土方歳三《ひじかたとしぞう》は、かなりの名刀を所有していた。その愛刀群の豪華な顔ぶれを見てみよう。

和泉守兼定《いずみのかみかねさだ》	2尺8寸（約84センチ）
越前康継《えちぜんやすつぐ》	2尺3寸5分（約70.5センチ）
和泉守兼定	2尺2寸8分（約68.4センチ）
堀川国広《ほりかわくにひろ》	1尺9寸5分（約58.5センチ）

刀身の長い順に挙げてみたが、いかがだろうか。

初代が徳川家康に御抱鍛冶として寵愛され、大坂夏の陣で灰燼に帰した大坂城跡から回収された豊臣家の秘蔵刀の再刃《さいじん》（リフォーム）を任された逸話を残した越前康継。虎徹と並ぶ西の横綱と謳われた堀川国広。そして新選組を庇護する会津藩中において、藩工の大役を代々拝命してきた兼定一族が手がけた二振り……いずれ劣らぬ名刀揃いであり、土方の並々ならない刀への執着ぶりが窺われる。

なぜ、ここまで名刀を蒐集することにこだわったのか。

土方が近藤と同じく多摩の富農の生まれなのはよく知られている。だが盟友の近藤が宗家の養子に迎えられ、武士に準じる身分の剣術師範として帯刀を許されていたのに対して、土方は浪士組《ろうしぐみ》に参加するまでは公に刀を差すことが憚《はばか》られる立場だった。

天然理心流の同門で、兄弟子に当たる井上源三郎《いのうえげんざぶろう》が半士半農の郷士《ごうし》身分に相当する八王子千人同心《はちおうじせんにんどうしん》の子、若年とはいえ剣の道では先輩の沖田総司《おきたそうじ》が白《しら》河《かわ》藩浪人の子で、共に堂々と帯刀できる境遇だったのを思えば、修業時代の土方が羨望の念を覚えていたであろうことは想像に難くない。経済的には武士よりも格段に恵まれた立場とはいえ、剣術で身を立てようと志す者が刀を差せないとは、甚だ矛盾した話である。もちろん、幕末の頃はもう完全に定着していた、竹刀と防具を用いる道場剣術に本身の刀などは不要だったに違いないし、多くの武士はそう考えていたはずだが、土方は違った。剣術とはすなわち、真剣を用いる術と認識していたからこそ刀に関心を寄せて止まず、武具であると同時に武士階級の象徴でもあった大小の二刀を帯びることにこだわった。だからこそ鳥羽《とば》・伏見《ふしみ》の戦いを契機に新選組の装備を洋式に改めてもなお、無二の愛刀の和泉守兼定2尺8寸を捨てられなかったのではないだろうか。

ちなみに、浪士組への参加が正式に決まり、翌年早々の上洛が待たれていた文久《ぶんきゅう》2年（1862）の暮れ、土方は試衛館《しえいかん》の面々のみならず浪士組で知り合った新しい同志たちにまで広く呼びかけ、試し斬りの会を催している。このときの土方は浪士組の一隊士であり、もう刀を所持していてもなんら憚るところのない立場であった。会の座元《ざもと》として土方が帯用した大刀は山城大掾国包《やましろだいじょうくにかね》、小刀は相州綱広《そうしゅうつなひろ》だったという。

国包は伊達政宗《だてまさむね》に重用された仙台《せんだい》藩の御抱《おかかえ》鍛冶で、主命を奉じて京へ上り、越中守正俊《えっちゅうのかみまさとし》門下で学んだ名匠。綱広は古刀末期の天文《てんぶん》年間（1532～55）に活躍した初代に始まる、相模国《さがみのくに》（神奈川県）の刀工一門の名である。いずれも逸品だが、武士としての一世一代の晴れ舞台に満を持して臨んだ土方にとって、それは有意義な費《つい》えだったに違いない。

数々の試し斬りで真価を発揮し、斬れ味の鋭さに定評のある利刀《りとう》といえば、「人斬り鍬次郎《くわじろう》」の異名で知られる大石《おおいし》鍬次郎の大和守安定《やまとのかみやすさだ》2尺5寸が有名であるが、土方の場合には刀そのものの格が違う。恐れ多くも家康公の御抱鍛冶を勤めた越前康継の一族の作刀の斬れ味を、実地に検証しているのだ。これは土方自らではなく、御様御用《おためしごよう》首斬り役の通称で知られる山田家に依頼した結果ではあるが、様《ためし》剣術の達人が太鼓判を押していればこそ、土方は安心して康継を帯びたのではないだろうか。それは権威や格式ではなく、純粋に武具としての機能を刀に求めればこその自然な発想といえるだろう。

差し添えに見る実戦志向

近藤も土方も大小の刀を単なる飾りではなく、武具であるという共通の認識の下に帯刀していた点は同じである。

武士の帯刀は、大刀と小刀で構成される。いわゆる二本差しのスタイルは苗字帯刀を許された者だけの特権であり、身分標章だった。刀すなわち大刀は2尺（約60センチ）以上、脇差《わきざし》すなわち小刀は1尺（約30センチ）以上2尺未満と刀身の長さで区別されるが、近藤と土方の帯びた小刀は尋常ではなかった。

先に挙げた土方の愛刀群のうちの一振りに、堀川国広がある。

刀身は１尺９寸５分。わずかに２尺を下回るため、分類上は一応脇差ということになるものの、刀と比べてもほとんど遜色がない。相応の長さを有すると同時にコンパクトで取り回しやすいので、新選組が日頃の隊務で直面しやすい、狭い屋内での戦いには誠に向いている。

故に所持したのも頷ける話なのだが、驚くことに土方は、この堀川国広を愛刀・和泉守兼定２尺８寸の差し添えにしていた。

差し添えとは刀に添えて差す短刀、脇差を指す。添えて差すという、形だけのことならば、刀に匹敵する長尺の堀川国広をわざわざ帯びる必然性はない。万が一にも刀が折れたときのスペア、副刀としての機能を脇差に求めたからこそ、土方は２尺近い大脇差を差し添えにしていたのだ。

片や近藤は、土方の堀川国広よりもさらに長い、２尺３寸５分の脇差を帯びていた。近藤も土方も、決して人並み外れた巨漢ではない。現代人と比べれば、むしろ小柄な部類に入るだろう。にも関わらず二刀を、それも大刀を二振り差しているに等しい状態で日夜奔走していたのだから、誠に驚くべきタフネスぶりだ。今に生きる私たちには、真似のできないことである。

COLUMN

池田屋事件が語る新選組銘刀伝

近藤と土方を筆頭に、新選組隊士の愛刀について現代に伝えられる事実が多いのには確たる理由がある。池田屋《いけだや》事件において使用された刀の記録が残されているからだ。

ここで、池田屋事件について改めてご紹介しよう。

新選組を題材とする時代劇の最大の見せ場というべきこの事件は、斬り込んだ当事者の一人である永倉新八《ながくらしんぱち》をもってして、「尊王攘夷派の動きを１年遅らせた」と言われるほど、名だたる大物浪士を現場で討ち取り、あるいは捕縛して死に至らしめた。事前に現場を離れて事なきを得た長州《ちょうしゅう》藩の桂小五郎《かつらこごろう》を除き、尊王派が京から一掃されたというほどだから尋常ではない。

それだけの戦いが、展開されたわけである。いかに苛酷な状況だったか察して余り有ると言えるだろう。

先にご紹介した近藤の書翰《しょかん》によると、池田屋において沖田総司の加賀清光《かがきよみつ》２尺４寸（約72㌢）と永倉新八の手柄山氏繁《てがらやまうじしげ》２尺４寸は共に帽子《ぼうし》（切っ先）が折れ、藤堂平助《とうどうへいすけ》の上総介兼重《かずさのすけかねしげ》２尺４寸２分（約72.6㌢）は、刃先（物打《ものうち》）がささらの如くになったという。刃こぼれは小さく11カ所、はばき元に大きく４カ所も受けており、修復不可能なほどの損傷だったという。新選組の精鋭４人がいかに奮戦したかを、無言のうちに物語る記録と言えよう。

とはいえ、かかる一大事件の当事者は先陣を斬って内部に突入した近藤と沖田、永倉、藤堂の４人だけではない。後詰として周囲の守りを固めた隊士の中から３人もの死者が出ていることでもわかるように、近藤ら４人だけがすべての危険を背負ったわけではない。

手負いの浪士を迎え撃った末に死傷した、有名無名の受難隊士の面々もまた、記憶されて然《しか》るべきなのである。

池田屋では伍長《ごちょう》の奥沢栄介《おくさわえいすけ》が即死し、副長助勤《ふくちょうじょきん》の安藤早太郎《あんどうはやたろう》と平隊士の新田革左衛門《にったかわざえもん》が回復の叶わぬまま死亡した。

奥沢は武州鴻ノ巣住雲竜子景勝《ぶしゅうこうのすじゅううんりゅうしかげかつ》２尺２寸余り、安藤は南海太郎朝臣朝尊《なんかいたろうあそんともたか》２尺５寸余り、新田は勢州住長心子直久《せいしゅうじゅうちょうしんしなおひさ》２尺３寸５分をそれぞれ帯びていた。奥沢は帽子を折られ、安藤は物打あたりを接損《せっそん》、新田は細かい刃こぼれを無数被《こうむ》ったと伝えられる。いずれも江戸時代後期を迎えてから作られた新々刀《しんしんとう》であり、残念ながら真剣勝負の場に際して十全の役割を果したとは言い難い結果を迎えている。

安藤は京で知られた弓術の名手として鳴らしたのみならず、粛正された芹沢鴨《せりざわかも》派の生き残りだった野口健司《のぐちけんじ》の介錯役を勤めた後、なに食わぬ顔で餅搗《もちつ》きに参加したほど肝が座っていたというから、決して新選組に在っても凡百の者だったわけではない。その安藤さえ深手を負って絶命するのを避けられなかったほど、池田屋から脱出せんとした浪士たちは死に物狂いの抵抗を仕掛けてきたのである。

子母沢寛の『新選組遺聞』に出てくる、八木為三郎《やぎためさぶろう》（近藤たちが最初に寄宿した壬生の有力郷士・八木家の嫡男）からの聞き書きには、池田屋の戦いで少なからぬ数の隊士たちが刀を曲げたことを裏付ける、貴重な証言が含まれている。

以下は、八木家に戻ってきた隊士たちの様子を伝える一節である。

（前略）三四人釣台《つりだい》で運ばれて来た。永倉新八は右手に半紙でぐるぐる巻きにした曲がった刀の身を下げ、左手は手拭のようなもので包んでいて、それに血が真黒くにじみ出ていました。（中略）斬《きり》合《あい》で曲がった刀を一所にして七八本並べてあります。誰か一人がこれを取片づけようとしたら、

「近藤先生の検分があるまで然《そ》うして置け」

という者がありました。（後略）

斎藤一《さいとうはじめ》の摂州住《せっしゅうじゅう》池田鬼神丸国重《いけだきじんまるくにしげ》２尺３寸1分、原田左之助《はらださのすけ》の江府住《こうふじゅう》興友《おきとも》２尺３寸７分、武田観柳斎《たけだかんりゅうさい》の越前住《えちぜんじゅう》常陸守兼植《ひたちのかみかねうえ》２尺２寸５分はいずれも刃こぼれを被ったのみで済んでいるが、大力の巨漢隊士として有名な島田魁《しまだかい》の奥州仙台住《おうしゅうせんだいじゅう》源兵衛国包《げんべえくにかね》２尺４寸は、刀身がやや左に曲がり、刃こぼれは大小合わせて 14 カ所だったという。

他にも、浅野藤太郎《あさのとうたろう》の武州重住《ぶしゅうじゅうじゅう》藤原是一《ふじわらこれかず》２尺２寸８分、三品《みしな》仲治《ちゅうじ》の備州長船住《びしゅうおさふねじゅう》藤原祐平《ふじわらすけひら》、佐々木蔵之丞《ささきくらのじょう》の越中住《えっちゅうじゅう》兼明《かねあき》２尺３寸５分、竹内元三郎《たけうちもとさぶろう》の関善定兼方《せきよしさだかねかた》などが曲がってしまった刀と確認されている。

刀の有名無名を問わず、技量の優れた隊士ほど物打と鍔元《つばもと》に刃こぼれを多く生じさせている。それは遠心力が最大に加わる物打が、斬るのに最も適した部位だからである。鍔競《つばぜ》り合いに持ち込まれたとき、負けずに押し返せば鍔元が損傷するのも必然の結果であろう。このように刀を損《そこな》う者が頻出した池田屋事件だったが、最年長の井上源三郎が屋根裏に逃げた浪士を突いて仕留める手柄を立てながら、愛刀の奥州白河住《おうしゅうしらかわじゅう》兼常《かねつね》２尺２寸５分を傷めなかったという事実は興味深い。

主要参考文献

神話・伝承

古事記　倉野憲司校注／岩波文庫

新版 古事記物語　鈴木三重吉著／角川ソフィア文庫

日本書紀（上下）全現代語訳　宇治谷孟著／講談社学術文庫

増補 日本架空伝承人名事典　平凡社

日本神話 神々の壮麗なるドラマ　戸部民夫著／新紀元社

古典芸能

演劇概論　河竹登志夫著／東京大学出版局

能楽への招待　梅若猶彦著／岩波新書

能の表現　増田正造著／中公新書

能・狂言図典　小林保治、森田拾史郎編／小学館

日本古典文學大系 浄瑠璃集（上下）　乙葉弘校注／岩波書店

文楽ハンドブック 改訂版　藤田洋編／三省堂

歌舞伎ハンドブック 改訂版　藤田洋編／三省堂

マンガ歌舞伎入門　松井今朝子・文、伊藤結花理＋月森雅子・画
講談社＋α文庫

歌舞伎モノがたり　織田紘二著／淡交社

歌舞伎名作事典　演劇出版社

江戸落語名作選　富田宏編／金園社

落語ハンドブック 改訂版　山本進編／三省堂

主要参考文献

人物

平家物語［全4冊］　梶原正昭、山下宏明校注／岩波文庫

源平の盛衰　上横手雅敬著／講談社学術文庫

平家巡礼　上原まり著／光文社

鎌倉・室町人名事典 コンパクト版　安田元久編／新人物往来社

戦国人名事典 コンパクト版　阿部猛、西村圭子編／新人物往来社

新・日本武将百選　小和田哲男監修／秋田書店

全国諸藩 剣豪人名事典　間島勲著／新人物往来社

忠臣蔵四十七義士全名鑑　（財）中央義士会監修／駿台曜曜社

歴史読本臨時増刊 特集 大江戸悪人伝　新人物往来社

国定忠治　高橋敏著／岩波新書

新・日本侠客百選　今川徳三著／秋田書店

新選組局長 近藤勇―士道に殉じたその実像　木村幸比古著／淡交社

新選組100話　鈴木亨著／中公文庫

新選組468隊士大名鑑　壬生狼友の会編／駿台曜曜社

架空・伝承の人物ものしり事典　河竹登志夫、尾崎秀樹監修／主婦と生活社

剣豪 その流派と名刀　牧秀彦著／光文社新書

社会・生活・文化

詳説日本史研究　五味文彦、高埜利彦、鳥海靖編／山川出版社

平安時代の生活と信仰　山中裕、鈴木一雄編／至文堂

［縮刷版］江戸学事典　弘文堂

日本史リブレット49 八州廻りと博徒　落合延孝著／山川出版社

日本の宗教　村上重良著／岩波ジュニア新書

宝剣

縮版　集古十種　国書刊行会（非売品）

歴史百科 日本国宝事典　新人物往来社

国宝の旅　講談社・講談社 MOOK

国宝全ガイド（国宝への旅・別巻）　日本放送出版協会編／日本放送出版協会・NHK ライブラリー 35

聖剣伝説（I、II）　佐藤俊之と F.E.A.R. 著／新紀元社

刀剣

日本刀の掟と特徴　本阿彌光遜著／美術倶楽部

趣味の日本刀（2001 年版）　柴田光男著／雄山閣出版

日本刀の鑑賞基礎知識　小笠原信夫著／至文堂

日本刀物語　福永酔剣著／雄山閣出版

日本刀よもやま話　福永酔剣著／雄山閣出版

日本刀おもしろ話　福永酔剣著／雄山閣出版

新・日本名刀 100 選　佐藤寒山著／秋田書店

刀工鍔工事典　本阿彌光遜校閲、清水孝教編／歴史図書社

日本甲冑一〇〇選　山上八郎著／秋田書店

武器と防具　日本編　戸田藤成著／新紀元社

名刀伝――剣技・剣術三　牧秀彦著／新紀元社

あとがき

　このたび書き下ろした『名刀伝説』は、わが国の神話伝承・古典芸能に登場する刀剣をまとめてご紹介した一冊である。つまり、刀をキリクチに伝承・芸能の世界を語るのがメインテーマと思っていただきたい。

　本書では時系列に添い、神代《かみよ》〜近現代に成立した、刀剣が登場するエピソードを執筆対象としている。記紀神話から民間伝承、能・狂言、歌舞伎と文楽（浄瑠璃）、落語から戦前・戦後の映像作品まで、多岐に亘る伝承と芸能の世界に執筆対象を求めた結果、内訳は全39項に及んだ。

　登場する刀剣もまた、多種多様である。

　三種の神器のひとつに数えられた宝剣・草薙《くさなぎ》の剣《つるぎ》があれば、江戸の庶民たちにとって意外と身近な存在だった、安物の刀や短刀も顔を出す。名匠が腕を振るい、各時代の権力者の許を転々とした逸品が出てくれば、闘争の場で純然たる武具として用いられた、消耗品も取り上げられている。

　一見すると何のつながりもないかのように思われるが、このたびの執筆対象に選ばせていただいた原典において刀剣が重要な役割を果たし、必須のアイテムとして機能する点は、すべて共通している。

　刀というと、自ずと殺伐としたイメージが強くなりがちだが、他者を傷つける武器としてだけでなく、人を生かすために用いられるエピソードも少なからず存在する。刀とは決して殺人のためにのみ造られ、行使されていたわけではない。持つ者それぞれの思惑と置かれた状況に応じて、善用もされれば悪用もされるのだ。人の心の映し鏡と言ってもいいだろう。

　神器《じんぎ》として、権威の象徴として、非常時には武器として、そして非戦闘員の庶民にとっても身近な存在として、さまざまな刀が神代から江戸時代が終焉を迎えるまで、わが国の日常の中には息づいていた。

そんな刀をキリクチにして、古来より連綿と紡がれてきた伝承と芸能の世界を再検証することにより、それぞれの時代の人々の実像が、生々しい本音が、新たな角度から見えてくるのではないだろうか……。

私はこのように考えて、本書の執筆に取り組ませていただいた。

もちろん、執筆対象とした各作品のエッセンスを汲み取り、初心者にも分かりやすくお伝えできるように配慮し、刀にまつわる以外のストーリー全般を解説しているので、神話伝承・古典芸能のダイジェスト本としてもお楽しみいただけると思う。刀にご興味をお持ちの方も、そうでない方も古《いにしえ》の人々が魂を削って生み出した作品に込められた、時の壁を超えて共感できる豊穣なドラマの魅力に接してもらえれば、嬉しい限りである。

伝承・芸能世界の
刀の位置付け

全39項目で取り上げた各作品における刀の位置付けは、神器、権威の象徴、武器の三種類に大別できる。

とはいえ、明確に分かれているわけでもない。

具体例を挙げると、記紀神話に登場する十握剣《とつかのつるぎ》（p8参照）や草薙の剣（p13参照）のように、神聖な宝剣でありながら実戦に供される場合があれば、源平争乱を背景とする『梶原平三誉石切《かじわらへいぞうほまれのいしきり》』における手水鉢《ちょうずばち》切《ぎ》りの名刀（p52参照）のように試し切りを敢えて手加減することで、無為に奪われようとしていた尊い命を救う刀もある。単純に一元化できないあたりが、各作品の登場人物たちの行動と同じで、誠に興味深い。

あとがき

劇中で果たす、小道具としての効果

個人の作者の手に成る文芸作品であれ、現場での共同作業の賜物である演劇・映像作品であれ、肝《きも》となるのはストーリーを澱みなく展開し、見せ場を最大限に盛り上げる、ドラマティックな構成に他ならない。

そこで欠かせない要素のひとつが、小道具のもたらす効果だ。

刀は、さまざまなドラマを生み出すアイテムである。

第一に、用いる者の心ひとつで善用もされれば悪用もされるため、常にスリリングな存在として、観客の目を集めることができる。

第二に、値が高ければ高いほど、劇中で「お宝」として登場人物たちに派手派手しく争奪戦を演じさせ、見せ場を作りやすくなる。

第三に、奪う者と奪われる者との人間関係を、争奪戦の対象となる刀を通じて、分かりやすく示すことができる。

古典芸能の一大ジャンルである歌舞伎の世界では、上記の三要素が効果的に用いられている。劇中で虐げられたあげくの果て、刀を手にした主人公がクライマックスで凄惨な修羅場を演じる作品も多いが、奪われた名刀が無事に元の持ち主の許に戻ってきてハッピーエンドを迎える作品もまた多い。名刀の争奪戦が縦糸となる場合には、最後に人斬りの道具となってしまうケースはむしろ少ないと言えるだろう。

創作と現実の刀剣の対比

創作世界でさまざまな刀剣に接していると、現実の刀に興味が出てくるのも当然だ。刀とはいつから、どのようにして誕生し、時代の流れの中で進化を遂げてきたのか。そんな好奇心を抱いていただくのは誠に喜ばしいのだが、現実には、刀は容易に持てるものではない。

創作世界の小道具にしても、役者というプロフェッショナルだからこそ手にすることができるのだし、実際に斬れる本身の刀となれば一層、扱いには慎重を要する。現代社会においては、刀剣鑑賞と武道の稽古のためにのみ販売と所有が許可されているからだ。

しかし、美術館や刀剣店のショーウィンドウ越しに接し、あるいは刀剣の専門書をお読みいただければ、その凄味と美しさは十分に知ることができる。

初心者向けの解説書は数多く出ているが、拙著『名刀伝』（小社刊）も刀の魅力に接していただく手引きとして、ご活用願えれば幸いである。

時代劇作家からみた、刀の扱われ方

私は、仕事として時代小説を書かせてもらっている。

大人向けの娯楽作品という執筆媒体の性格上、チャンバラは必須の課題とされるのだが、そこで常に書き手として配慮を欠かせないのが、刀の役回りだ。

悪人退治のために剣を振るうヒーローの活躍を描くにしても、無条件に強くて、意味もなく人を斬ってしまうようでは主人公たり得ない。劇中に登場するまでに生きてきた背景を象徴する、具体的な修業の末に会得した剣技と刀を備え、万人が納得できるだけの理由を持っていればこそ、人を斬る場面もドラマの演出手法として、効果的に生きてくる。

私は、殺人を描きたくて時代劇に取り組んでいるわけではない。現実の歴史の狭間に存在したかもしれないキャラクターを造型し、過去が舞台の時代劇だからこそ小道具として機能し得る刀を分かりやすく描写し、その刀を確かな説得力を以て登場人物に振るわせることで、ささやかなカタルシスを読者の方々に提供させていただく。それが時代劇における刀の、そして娯楽時代劇を書かせてもらうときの、私の役回りと考えている。

もちろん、作り話と現実世界を混同することを避けるために、話を作る立場の私自身が心を壊してしまわないように、執筆生活の続く中で緩急のバランスを取るべく、日々努めているのは申し上げるまでもない。

刀は持つ者の心ひとつで、善用もされれば悪用もされる。

時代劇に取り組む一人の書き手として、この自明の理を心に刻みながら今後もより良く、より面白い作品を生み出していけるように努めたい。

最後に、いつもお世話になっている新紀元社編集部の皆様、魅力溢れる表紙イラストを描いて下さった鈴木康士様、原典のイメージを余さず汲み取ったイラストを本文にご提供いただいた有田満弘様、添田一平様、シブヤユウジ様に心より、等しく御礼を申し上げたい。

二〇〇四年九月吉日
牧　秀彦　敬白

あとがき

著者略歴

牧　秀彦（まき・ひでひこ）

1969年東京都生まれ。早稲田大学政治経済学部経済学科卒。時代小説家として『暗殺奉行』（双葉社）、『塩谷隼人江戸活人剣』（徳間文庫）、辻番所シリーズ（光文社）等、文庫書き下ろし作品を各社で執筆。その他作品情報は「時代小説作家　牧秀彦公式Webサイト」http://www.maki-hidehiko.com/ に掲載。作家業と並行して居合・剣道修行中。全日本剣道連盟居合道、現在五段。

Truth In Fantasy 66

名刀伝説　めいとうでんせつ

2004年10月11日　初版発行
2015年3月7日　4刷発行

著　者	牧　秀彦
編　集	新紀元社編集部
発行者	宮田一登志
発行所	株式会社新紀元社 〒101-0054 東京都千代田区神田錦町1－7 錦町一丁目ビル2F TEL 03-3219-0921　FAX 03-3219-0922 http://www.shinkigensha.co.jp/ 郵便振替　00110-4-27618
カバーイラスト	鈴木康士
本文イラスト	有田満弘・添田一平・シブヤユウジ
本文デザイン・組版	SONICBANG CO.,
印刷所	株式会社リーブルテック

ISBN978-4-7753-0329-0
Printed in Japan

定価はカバーに表示してあります。